Caesar Flaischlen

Heimat und Welt

Salzwasser

Caesar Flaischlen

Heimat und Welt

1. Auflage | ISBN: 978-3-84609-730-4

Erscheinungsort: Paderborn, Deutschland

Erscheinungsjahr: 2014

Salzwasser Verlag GmbH, Paderborn.

Nachdruck des Originals von 1918.

Cäsar Flaischlen

Heimat und Welt

Ausgewählte Gedichte
in Vers und Prosa

Neue Ausgabe
283. und 284. Tausend

Deutsche Verlags-Anstalt
Stuttgart Berlin

Heimat und Welt

Ausgewählte Gedichte in Vers und Prosa

Inhalt

Glück und Glaube

Kampf und Erkenntnis

Lachen und Lieder

Maiwärts

Von Sonne und Schönheit

Herbsttage

Vom sieghaften Willen

Kunst und Leben

Im Sturm der Zeit

Kiel- und Ziellinien

Aus der Stille in die Weite
aus der Heimat in die Welt..
doch so weit auch sie sich breite,
schaff zu Heimat dir die Welt!

Glück und Glaube

Ich glaube, das ist die ganze Not:
wir messen unsere Träume an dem zu kurzen Maßstab der
Wirklichkeit
und die Wirklichkeit an dem zu großen unserer Träume!

(Steinklopfer)

's gibt Zeiten, da des Glücks zuviel,
und Zeiten, da 's zu wenig;
's gibt Tage, da du Bettler bist,
und Stunden, da du König.

(Nachtschatten)

Die Nähe endlich lern verstehn
und dich in ihr!
von ihr aus begreife weiter!
die Nähe ist unser Leben!
die Sterne haben Zeit!

(Tor auf!)

Und wenn es kommt
und wenn's dich faßt
und über dir zusammenschlägt,
Streit und Neid und Hast und Last . .
vergiß nicht,
daß du Flügel hast!

(Neujahrsbuch)

Von einem Königskinde

O wende ab dein Auge,
blick nicht so freundlich mich an,
ich kann ja nichts als bitten:
Verzeih, was ich dir getan . .

Ein Röslein blüht im Garten,
liebkost vom wandernden Wind . .
ich bin nur ein armer Geselle
und du bist ein Königskind!

Ich wollte nur dich trösten,
hätt nie dich zu lieben gewagt!
und daß ich nur Unglück dir bringe,
o daß mir's mein Herz nicht gesagt!

Und muß ich nun gehen und scheiden,
will suchen ich auf und ab,
bis ich, die du verloren,
die Krone wiederhab.

Ich will sie aufs Haupt dir setzen
mit flimmerndem Edelgestein,
daß du als Königin wieder
ziehst in die Heimat ein.

Da kommen viel vornehme Leute.
Minister und große Herrn,
und endlich der König selber
mit Band und Ordenstern.

Doch langsam aus dem Gedränge
stiehlt einer sich still bei Seit
und träumt, eine Träne im Auge,
von seliger Jugendzeit:

Ein Röslein blüht im Garten,
liebkost vom wandernden Wind
ich bin nur ein armer Geselle
und du bist ein Königskind!

Leb wohl, Kind ..

Lebwohl, Kind ..
    die Fahrt, die du wagst, ist weit!
mein Wunsch, daß es gut dir gehe,
    geb dir getreulich Geleit!
Leb wohl! den Kopf immer hoch
    und fröhlich und unverzagt,
und nie zuviel auch bei andern
    um Rat und Meinung gefragt!
Raten ist leicht, doch es geht schon
    nicht alles im rechten Gleis,
wenn man Rat braucht, Kind, und sich
    nicht selbst zu helfen weiß!
Es trägt ein jeder zudem schon
    so viel an eigener Last,
daß er sich meist nur ungern
    mit fremden Sorgen befaßt!
Es kommt auch selten etwas
    dabei heraus, und ich mein:
man müsse für Glück und Unglück
    immer selbst verantwortlich sein.

Wer seines Zieles klar ist,
          erreicht, was er erstrebt,
und wer ein Ziel errungen,
          hat nie vergebens gelebt!

Lebwohl, Kind! und wenn es wettert
          und Blitze und Wolken dräun,
es kommen auch Tage wieder,
          die Blüten und Rosen streun.
Es ging ja uns beiden im Leben
          nie noch besonders gut,
wir erfuhren niemals, wie schön es
          ohne Sorge sich ruht;
wir haben von früh an in fremde
          Launen uns schicken gemußt
und hatten niemand, zu teilen,
          weder bei Leid noch bei Lust;
und gerade in Jugendtagen
          ist das wohl der herbste Schmerz:
man träumt da von Wunderdingen
          und hat so voll das Herz,
man möchte jubeln und jauchzen
          und möchte glücklich sein
und denkt, das Leben bestünde
          aus lauter Sonnenschein.

Es kann ja nun alles sich ändern,
          ich glaubte für dich es so gern:

es kann vom Himmel fallen
    wie ein rotblitzender Stern,
es kann auf schimmerndem Flügel
    herrauschen im Windeswehn,
es kann mit jauchzendem Liede
    urplötzlich vor dir stehn! . .
Dichter sind's, die das sagen,
    auch hört man es sonst dann und wann
im wirklichen Leben aber . .
    ich glaube nicht recht daran!
Ich glaube viel eher, es wird
    so sein, wie es bisher war:
von allem, was man sich wünscht,
    wird nur das Wenigste wahr!
ja ich glaube beinahe, das große
    Glück, von dem man so träumt
und an das ein jeder so viel
    seines besten Lebens versäumt:
daß es das gar nicht gibt . .
    als festes dauerndes Gut,
daß alles Glück nur in kleinen,
    ganz flüchtigen Dingen beruht!
Es ist wie Gold, das man auch nicht
    in Klumpen und Blöcken hebt,
das man nur staubkorngroß
    aus Geröll und Getrümmer gräbt!

So still und ruhig ..

So still und ruhig, so erfüllten Wunsches froh, gingen auch wir einst durch die lauten Straßen, langsam, Arm in Arm, und plaudernd, wie man so plaudert, wenn man Sommerabends durch die Straßen schlendert .. ein bißchen aus den Häusern rauszukommen und die Sonne untergehn zu sehn,

draußen, über der Heide, braun und rot ...

es ist so schön, die Sonne untergehn zu sehn und Hand in Hand so, eines stillen Glückes ruhig, im schattenlosen, weichen Licht der Dämmerung zu stehen.

Und nun ist alles, wie vor jenem Sommer: in Hast und Unruh hetz ich durch den Tag und suche mich in Arbeit zu vergessen und nenne es: Sieg! und nenn es Knabentorheit: seine Zeit an solche Stimmungen und Liebesträume zu vertrödeln!

Und dennoch, wenn ich auf den Straßen dann und wann zwei gehen sehe, unbekümmert um den Lärm rings plaudernd und so still und ruhig, wie auch wir einst gingen . .

Da packt es mich und wie ein Bettler folg ich ihnen, irgend ein paar Worte zu erhorchen, und wie ein Dieb, von ihrem stillen Glück mir was zu stehlen.

Was müde macht!

Das ist es,
was müde macht:
dieses heimliche Warten,
dieses ruhelose
stille Horchen nach der Treppe,
dieses Aufspringen,
wenn es klingelt . . .
statt der erwarteten Freude aber
mit blitzendem Aug
und lachendem Mund
steht ein frierendes Kind draußen,
verhärmt und elend,
und bittet weinend
um ein Stückchen Brot.

Schlaf', müde Seele..

Schlaf', müde Seele,
daß nichts dich mehr quäle!
schlaf und vergiß
deines Tagewerks Last!
schlaf und vergiß,
wie viel du auch heute
an Lieb und Freude verloren hast,
wie viel es wieder dir Rosen zerriß . . .
schlaf, müde Seele,
schlaf und vergiß!

Was dir zerrann
an Glauben und Glück,
in seligem Traum
träum es zurück! . .
Ob die Welt dich auch verdamme,
deiner Sehnsucht heilige Flamme
zwingt die Nacht, durch die du wanderst,
zwingt die Furcht, die dich umdroht,
lodert auf zu frühlingslichtem
ostergoldenem Morgenrot!

Nun gilt es!

Nun gilt es: nun zeig, daß du stark bist!
die Zähne zusammen!
und durchgerungen!
Klagen und Traurigsein hilft zu nichts
und macht nur müde!

Das Leben ist Krieg ..
das alte Lied!

Um eine Stunde Frieden zu haben
am späten Abend,
gilt es, zehn
im Kampf zu stehn!

Das ist so und wird wohl immer so bleiben!
und manchmal denk ich sogar: es sei gut!
Also Mut
und Glauben und fröhlich geblieben!
es soll uns noch lange nicht unterkriegen!

Hüt vor dem Alltag..

Hüt vor dem Alltag, was du Heiliges haft!
    Er verftaubt es dir!
    er macht dirs zu Leid
    mit feinem Neid,
    er macht dirs zu Laft!
Hüt vor dem Alltag, was du Heiliges haft!

Einem jungen Mädchen

Ich fah dich immer nur mit Rofen
    in der Hand..
ich fah dich immer nur mit fröhlichem Lachen,
tief im Herzen ein heimliches Lied..

So dacht ich einft, fo müffe das Leben fein
Rofen, Lachen und Sonnenfchein
und tief hinter allem ein heimliches Lied!

Liedchen

an einem Sonntag Abend

Mit andern zusammen
bei Feſt und Wein
iſts leicht, vergnügt
und heiter zu ſein!
Schwer aber iſt:
in grauen Tagen
Glauben zu haben
und drüber zu ſtehn
und ohne Verzagen
freudigen Mutes
auch durch einſame
Zeiten zu gehn!

Weihnachtslied

Weise:
„Strömt herbei, ihr Völkerscharen"

Wieder flechten wir zum Kranze
der vergangenen still ein Jahr,
und in buntem Lichterglanze
stellt das Weihnachtsfest sich dar;
eint auch uns zu schöner Feier . .
freu sich jeder, dem's vergönnt,
denn wer weiß, ob ihm der Christbaum
übers Jahr so wieder brennt!

Doch es töne dieser Stunde
Freude nur in Lied und Wort,
ob so manche Knospe welkte,
ob so mancher Kranz verdorrt!
Und nach alter Brudersitte
nehmt das erste Glas zur Hand:
daß es nie sich lockern möge,
unsrer Freundschaft schönes Band!

Wie ein Gruß aus ferner Heimat
mahnt der buntgeschmückte Baum
an verklungner froher Tage
längst entschwundner Kindheit Traum ..
ihr drum auch und allen Lieben,
ob sie noch so fern und weit,
daß im Ohr es ihnen klinge,
sei dies zweite Hoch geweiht!

Was das Jahr in stetem Wechsel
zwischen Lust und Leid gebracht ..
alles Trübe sei vergessen
und des Guten nur gedacht!
und wie's dränge sich und treibe,
und was jeder auch verlor,
Eins nur haltet, daß es bleibe:
Lieb und Frohsinn und Humor!

Kampf und Erkenntnis

Sieh doch den Wettersturm am Himmel,
sieh doch die Wolken um die Höhn! . .
Ich aber sag: Das geht vorüber,
und auf den Abend wird es schön!

(Lehr- und Wanderjahre)

„Den Fußpfad dort, Herr! rechts einbiegend
und über die Brücke und am Geheg
waldauf! . . es wird dann etwas steinig
und steil, doch's ist der einzige Weg!
und ganz gradaus immer! . . seid ihr oben,
so findet ihr von selber fort!

Wegweiser? nein! . . Behüt euch Gott!"

(Lehr- und Wanderjahre)

Weg oder Nichtweg ist ganz einerlei! es handelt sich ums Ziel!
und über Täler kommt man allemal! und blitzt und wetterts, blitzt
und wetterts eben!

(Steinklopfer)

Wir müssen mit uns selbst es und mit unserer Sehnsucht machen
können, wie man es mit Blumen macht, die man vom Fensterbrett
hereinnimmt, wenn der Winter kommt, und ins Dunkle stellt . .
was abstirbt, würde doch nicht leben können!

Und treiben, wenn es Frühling wird, auch nur ganz wenige
wieder frische Keime . .

ein starkes Herz hegt längst schon tausend neue noch viel
schönere Träume!

(Sturmbruch)

Ja, was willst du ..

Ja, was willst du denn?!
wie denkst du dir die Welt?!
Allein,
auf die eigene Kraft nur gestellt,
dein eigener Zähler, dein eigener Nenner,
ohne Freunde, die den Rücken dir decken,
bei ärmlichstem Neid an allen Ecken,
ohne Vettern, ohne Gönner,
ohne Namen, ohne Geld ..
allein,
auf die eigene Kraft nur gestellt ..
ja, wie denkst du dir die Welt!?

*

O nur Groll nicht und Hassen
Herr werden lassen!
Es ist so wenig, was das Leben gibt,
es ist so viel, was jeden Tag zerstiebt ..
such lieber zu fassen,
wo es dich liebt!

Wegspruch

Zu denen stets tritt offen,
die Manns noch wollen sein,
was sie vom Leben hoffen,
nicht anderswo zu leihn!

Die fest und ohne Wanken
auf Eines stolz bedacht:
sich selbst nur es zu danken,
wenn sie's zu was gebracht!

Für die die schwersten Bürden
nichts weiter, trotzgewillt,
als ein Zum-Kampf-sich-Gürten
mit Panzer und mit Schild!

Das Glück um Gunst zu bitten,
ist feig und Torenwitz,
erkämpft nur und erstritten
bleibt's dauernder Besitz!

„Trag Rosen,
komm, trag Rosen!"

> „Und was du tust, ist es nicht
> das Gleiche?! zu einem Andern
> aber sagst du: er sei ein Tor!"

„Trag Rosen! komm, trag Rosen!" bat er
innig und schmeichelnd, voll zitternder
Sehnsucht und Angst, voll zehrender Ungeduld
in den blitzenden Augen...ein Kind, ein Knabe..
mit langen braunen Locken..

„Trag Rosen! komm, trag Rosen!"

und seine Stimme klang wie das Locken ver-
haltener Liebe, die das Herz sprengen möchte
und jauchzen und hinausjubeln in den Sonnen-
schein über Hag und Gärten:

„Trag Rosen! komm, trag Rosen!"

Aber es war ein Dornbusch, von dem er das
bat.. und die Leute, die vorbeigingen, lachten
über das törichte Kerlchen: es sei eben ein Kind!

Er aber trotzte: „Lacht! ich weiß es besser!
er kann Rosen tragen, wenn ich nur das rechte

Wort finde, wenn ich nur .. Geduld habe und
warte!" und ließ sich nicht irre machen:
„Trag Rosen! komm, trag Rosen!"

Und er kam am Morgen, kam am Mittag
und kam am Abend und wurde nicht müde, zu
warten, und küßte die Dornen mit brennenden
Lippen und drückte sie an sein hämmerndes Herz,
bis es blutete, und bat .. und bat und noch im
Traum selbst bei Nacht voll zitternder Sehn-
sucht und Angst:
„Trag Rosen! komm, trag Rosen!"
Das gute kleine Närrchen .. zu einem Dorn-
busch!
. . . .

Und doch .. und doch . . . ja:
„„Trag Rosen! komm, trag Rosen! Trag
Rosen! komm, trag Rosen!""

Unserer
Sehnsucht letzter Wunsch

Weißt du, ich glaube, das ist unserer ganzen
Sehnsucht letzter Wunsch:

so leben zu können, so alltagslos in fest-
lichem Gewande durch das Leben schreiten, wie
wir in Büchern lesen, wie wir auf der Bühne
sehen und auf Bildern

und wie wir selbst wohl sind bei fröhlichen
Festen!

Es ist der ewige kleine Alltag rundum, der
uns nicht zu Freude kommen läßt, der immer
wieder uns zu Boden bindet und die Kraft
zerbröckelt . .

dies immer neue Staubabwischenmüssen von
den Dingen, um sie blank und klar zu halten,

dies Ordnungschaffen-, Uhraufziehen- und
Maschinennachsehen-müssen, das Getrieb des
Tags in glattem Gang zu halten . .

all die hundert unscheinbaren mühen Sorgen
hinter den Kulissen ..

von denen nirgendwo in allen unseren Büchern
etwas steht und die wir selbst vergessen, wenn
die Türe hinter uns ins Schloß fällt, und über
die wir spotten, wenn andere davon reden, als
von Wichtigem!

und

sie sind zwei Drittel oder mehr noch jedes
Tages

und bevor wir noch zu Hause wieder, bevor
wir noch die Treppe oben, stehen sie da und
wollen ihr Recht

und zerren uns des Abends heiteres Lachen
aus der Seele!

Nicht erlahmen und nicht müde werden ..
ist das Einzige!

Lied des Wanderers

Abend-rot schon gegen Westen
lenkt die Sonne ihren Lauf,
immer neue Gipfel aber
steigen vor dem Wanderer auf!

Ach, es ist ein mühsam Ringen!
und was lohnt am letzten Schluß?!
Immer steiler führt es weiter,
immer müder wird der Fuß ..

Immer neue Gipfel ragen
über den erklommenen auf ..
ach und immer abendtiefer
senkt die Sonne ihren Lauf!

Fester nur ..

Fester nur drück dir den Hut ins Gesicht,
    fester nur fasse den Stock ..
dein Weg war immer schon einsam genug
über Klippen und über Gestein
und wird je höher zur Höhe empor
nur noch steiler und einsamer sein ..
fester drum drück dir den Hut ins Gesicht,
fester nur fasse den Stock!

Du konntest wie alle einst wählen und gehn
durch blühende Gärten im Tal ..
doch es drängte nach Kampf dich,
                    mit schaffender Tat
zum Gipfel zu zwingen den steinigen Pfad ..
und nun er steiler und steiler wird,
und nun er dich weiter und weiter verirrt
in sein großes entsagendes Schweigen ..
fester nur drück dir den Hut ins Gesicht,
fester nur fasse den Stock!

Du haſt's gewollt, blick nicht zurück,
laß hinter dir liegen, was hinter dir liegt!
und wird es noch ſo ſtill und einſam
und ſtarr und hart und kalt und kahl,
ſchrick nicht zurück, du mußteſt,
daß du verzichten mußteſt
auf die Feſte der Menſchen im Tal!

Von
Kleinkram und Markttrödel

Man denkt viel zu viel an all den Klein-
kram von heute und an all den Markt-
trödel umher, anstatt an das Große, das durch
die Jahrhunderte herüberdauert! . .

Aber das ewige Halloh und Trara all der
Meßbuden an allen Ecken verzerrt sämtliche
Maßstäbe. Kein Mensch weiß mehr, worauf es
eigentlich ankommt, und selbst, wer ehrlich sein
will, findet kaum zurecht!

Wer am lautesten trommeln und trompeten
kann, nimmt das meiste Geld ein, und wer das
meiste Geld einnimmt, glaubt allen Ernstes, auch
das Meiste geleistet zu haben!

Die Leute glaubens erst recht! Volle Geld-
beutel überzeugen immer! und man wird müde
und glaubt's allmählich selber . .

und . vielleicht . leistet . er . wirklich . auch . das
Meiste?!

Ein guter Kunstreiter, ein geschickter Purzel-
baummacher, der jeden Abend so und so viel
tausend Menschen Kurzweil schafft, leistet in der
Tat etwas!

Und trotzdem .. nein:
diese Moritaten- und Ballet- und Schlangen-
bändiger-Buden sind es nicht!
Vor den Toren auf den Hügeln drau-
ßen die stillen weißen Tempel sind die
Welt!
und wehe jedem,
der diese Zuversicht verliert!
sie muß der Kompaß bleiben, der ihn seinem
Ziel entgegenträgt, der stille Gleichgewichtspunkt
seines Lebens
unverrückbar ..
und ging es noch so toll um ihn herum!

Spruchblätter

Nicht: wer nur redet
oder nur betet,
wer es macht,
hat die Macht.

*

Keiner kann mehr .. merk dir das!
Es macht nur eben Manchem Spaß,
so zu tun und sich vorzudrängen
und bei jeder Gelegenheit
große Fahnen herauszuhängen!

*

Lieber auf eigene Rechnung
ein Lump sein,
als ein feiner Herr
auf Pump sein!
dieweil:
wer ein solcher auf Pump ist,
nicht mal ein ehrlicher Lump ist!

Trutzlied

Weise: „Wohlauf, die Luft geht . . ."

Wenn Geld im Beutel Sorgen macht,
    wie reiche Leute sagen,
von uns dann hätte wahrlich keins
viel Grund, sich zu beklagen:
was unsereins zu sehen kriegt,
ist selten lang zu heben,
von darum also könnten wir
wie Gott in Frankreich leben.

Doch ob auch arme Teufel nur,
das macht uns wenig Nöte,
wir haben, drum so mancher gern
sein ganzes Gold uns böte,
wir haben: jedes Ärgernis
ins Gegenteil zu wenden,
ein frohes Herz stets und Humor,
so kein Gericht kann pfänden.

Und klappt auch nirgends was und ist
jedwede Müh vergebens,
wir singen uns ein lustig Lied
und freun uns doch des Lebens!
Und das gerade ist die Kunst:
mit Geld kann's jeder haben . .

auch ohne daß man zahlen muß,
am Leben sich zu laben.

Und hier, Herr, sag ich, liegt der Punkt,
der Punkt, an dem sich's handelt:
und wenn wie Kuckuckskinder nur
das Schicksal uns behandelt,
wir kriechen dennoch nicht zu Kreuz
und werden keine Mucker:
wenn wir dem Glück so kuckuck sind,
ist's uns noch viel kuckucker!

Wir wollen, was da werden soll,
getrost uns selber schmieden,
denn was das Glück im Schoße hält,
sind doch nur lauter Nieten.
Wir knien nicht, wir betteln nicht,
es mög uns Rosen streuen,
wir haben das Geheimnis, auch
an Dornen uns zu freuen.

So stehn wir stolz und trotzgewillt,
wenn andre furchtsam zagen,
wir wissen, was wir wollen und
wir wissen, was wir wagen!
und löst Freund Hein die Frage dann
zum Schluß unwiderleglich,
so haben wir's uns wenigstens
so froh gemacht als möglich!

Lachen und Lieder

Lach, Liebster, lach!
du haft es mich gelehrt, ich wills dich wieder lehren!

(Steinklopfer)

Gefang und Geigen!
Tanz und Spiel!
Freude fehlt!
wir nörgeln zu viel!
wir werden zu weife,
wir werden zu fchwer,
wir lachen zu wenig!
wer weife, ift: Bettler,
wer lachen kann: König!

(Schwertfchmied)

Der Mond .. der Mond!
unser alter lieber guter Mond!

Halloh, wir grüßen dich! wir grüßen dich!
Sieh her:
du hast uns weinen sehen,
nun sieh uns lachen!

(Herzblut)

Spinnen auch silberne Fäden
sich vor der Zeit dann ins Haar,
erst wenn das Herz alt geworden,
werden sie wirklich wahr.

(Zwischenklänge)

Lied Mandolinchens

Ach nein, ach nein, nicht traurig sein!
mit Traurigsein ist nichts getan!
auf helle Augen kommt es an
und auf Vertrauen zu dir selbst:
daß du's zwingst und daß du's hältst!

Das Leben ist nun mal, wie's ist:
heute hott und morgen hist!
Aber ein trübes Gesicht
und Grämen und Grollen
erringt es nicht!
nur fröhliches Wollen
und Zuversicht!

Nur fröhliches Wollen
und mit Lachen,
was zum Ziel trägt,
zu Tat zu machen!

Gutenachtliedchen

Gute Nacht, gute Nacht!
  schlaf wohl! schlaf wohl!
gute Nacht und träume was Schönes!
Du weißt doch, was man träumt, wird wahr,
und wär es noch so wunderbar..
gute Nacht! schlaf wohl! gute Nacht!
  Ich sitz an deinem Bett und sing
    und halte gute Wacht!
      gute Nacht! gute Nacht!

Gute Nacht! gute Nacht!
  schlaf wohl! schlaf wohl!
gute Nacht und träume was Schönes!
Auch morgen ist wieder ein Tag wie heut,
und wenn dich meine Liebe noch freut,
und wenn der Weg dir nicht zu weit,
dann gehn wir und pflücken uns Rosen!
      wie heut!
  und spielen und küssen und kosen
      wie heut!
  Ich sitz an deinem Bett und sing
    und halte gute Wacht!
      gute Nacht! gute Nacht!

Lied des Leierkastenmannes

Ich hatte ein Mädchen
und hatte es lieb
und hab es nicht geküßt ..
und die Leute lachen mir ins Gesicht
und glauben es nicht.

Braunblond und jung,
o ein herziges Ding,
zierlich und fein
wie ein Schmetterling!
und wo es war,
war aus und ein
die ganze Welt
voll Sonnenschein!

Es brach mir die rotesten
Rosen vom Strauch
und hatte mich lieb
und ich es auch!

Und ich tat ihm weh .. und sagte: geh!
wir haben zum Heiraten beide kein Geld

und du sollst ehrlich bleiben
vor Gott und Welt!
drum geh lieber, geh!
Und die Leute lachen mir ins Gesicht
und glauben es nicht!

Und wenn ich wieder ein Mädchen so hab,
dann frag ich den Kuckuck darnach!
geschehe, was gescheh!
Ich küß es, soviel ich will und mag,
und sage nie mehr: geh!

Und wenn man kommt
und Geschichten macht,
bin ich's, der lacht! bin ich's, der lacht:

Was heißt bei euch denn Ehr?!
ich kenn euch jetzt und rat euch sehr:
nehmt euch in Acht!
ihr habt mich ein Mal dumm gemacht,
ein zweites Mal nicht mehr!

Ich dank euch für die Lehr!

Lied der kleinen Mädchen

So klein wir kleinen Mädchen,
o nein, wir werden nicht müd!
lachen und tanzen und lustig sein
und küssen macht nicht müd!

Und wenn sich wo wer wundert,
und wenn wo wer was fräg:
und wie so an hellichtem Morgen wir
schon oder noch auf dem Weg,
in hellem Kleidchen
mit Kreuzbandschuhchen
mit Federfächer und mit Schal?..

Wir fragen und sagen nichts weiter,
wir sagen nur: sag einmal:

Als du ein kleines Mädchen warst,
hast du nicht auch gelacht?
und hast dus nicht ganz ebenso,
ganz ebenso gemacht?!...

Und die Rosen am Weg
und die Sonne am Himmel
freun sich und grüßen und nicken uns zu,
nur vom Zaun her macht ein alter
gichtbeiniger Spaß:
Du-du! Du-du!

Doch auch das hat nichts zu sagen!
Der soll ganz still und friedlich sein,
er hat ja doch sein Zipperlein
und keinen Grund zu klagen!
Als er ein kleiner Junge war,
hat er sehr viel gelacht
und hat es nur viel toller noch
als wir kleinen Mädchen gemacht!

Drum sag er lieber nicht: Du-du!
drum halt er lieber den Schnabel
und freu sich seines Zipperleins!
wenns nicht so wär, so hätt er keins!
und lasse uns in Ruh!
Du-du! Du-du!

Tanzliedchen

Warum so ernst, warum so schwer?!
küß uns und lach, sieh, wir wollen nicht mehr!
Gib uns die Hand! wir sind das Glück!
küß uns und lach und pflück und schmück
dich mit unseren Rosen!

Wir sind, was du selber so gern möchtest sein:
Schmetterlingsseelchen im Sonnenschein!
Spiel, Tand und Tanz,
Zier, Klang und Glanz!
Wir sind
wie im Wind
verflirrender Flaum!
wir kennen nicht Leid und nicht Sorgen!
wir sind zwischen Abend und Morgen
ein kurzer, glück-seliger Traum!

Wir fragen nichts, wir klagen nichts,
 wir wollen nichts wissen,
 nicht Ja und nicht Nein!
 wir wollen nur
 lachen und küssen
 und singen und selig sein!
 Bring Wein und schenk ein!
 wir wollen nur
lachen und küssen und singen und selig sein!

Glückauf in die Welt!

Oster- und Wandervogellied

Über die Berge
mit fliegenden Fahnen,
flammende Sonne
im blauen Gezelt,
jubelt der Frühling
wie Glockengeläute
sieghaft sein helles
Glückauf in die Welt!

Und wir horchen und wir greifen
Rock und Ränzel von der Wand,
Stock und Sturmhut, Band und Schleifen,
und mit Lauten geht's und Pfeifen,
hollahe! ins grüne Land.

Jugend des Jahres
und Jugend des Lebens,
freude-geflügelt
und frohmut-geschwellt . .

wo wir hinkommen,
da stehen die Leute,
freun sich und grüßen:
Glückauf in die Welt!

Und so liegt vor uns das Leben
festtag-schön und kraftgestimmt,
und wir jauchzen ihm entgegen,
und zu Sonne wird und Segen,
was es gibt und was es nimmt.

Und wenn wir selber
einst seßhaft geworden,
die Liebste geholt und
ein Haus uns bestellt,
stehen auch wir dann
und grüßen die Jugend,
die so vorbeizieht:
Glückauf in die Welt!

Frühlingshymne

eines Verschnupften

Weise: „In des Waldes tiefsten Gründen . .

Sei gegrüßt mir, Sorgen-Ender,
Lenz, der alles bunt erneut
und die Welt voll . . Wander, Wender,
Winder, Wonder . . Wunder streut . .

Der mit süßer Hoffnung Hebel
jedes Herz in Trubel bringt,
daß es laut voll . . Jabel, Jebel,
Jibel, Jobel . . Jubel klingt!

Alles drängt ins junge Leben,
drängt nach Sonne, Luft und Duft,
aus des Winters . . Staben-, Steben-
Stiben-, Stoben- . . Stuben-gruft . .

und in Haufen kann gleich Hämmeln
man sie rings sich tummeln sehn
und ohn Ende . . bammeln, bemmeln,
bimmeln, bommeln . . bummeln gehn . .

Schwieger, Mütter, Onkel, Enkel,
Bräute, Leute, buntgepaart,
bis es kühl und .. dankel, denkel,
dinkel, donkel .. dunkel ward ..

Bis man's müd ist, Luft zu schöpfen,
und das Wiesen-Hupfen satt,
und den schönsten .. Schnapfen, Schnepfen,
Schnipfen, Schnopfen .. Schnupfen hat!

Lumpenlied

Weise:
„Da streiten sich die Leut herum“
oder
„Wenn ich an meinem Amboß steh“
Kehrreim gepfiffen.

Ich bin ein armer Be-Bi-Ba-
Bo-Bettelmusikant,
doch kreuzfidel stets pe-pi-pa-
po-pump ich mich durchs Land;
zu spielen gibts allüberall,
bar Geld nur leider keins,
und dennoch bleib ich, was ich bin,
und pfi-pfa-pfeif mir eins!

Ob hier, ob dort, was verfa-fe-
was verfo-fu-verficht's!
ein Künstler kam sein La-Li-Le-
Lo-Lebtag noch zu nichts;
und da dies 'mal jedweder Kunst
betrübter Erdenlauf,
so plag dich nicht umsi-sa-sunst
und pfi-pfa-pfeif darauf!

Auch ich hab einst von Ra-Re-Ri-
von Ri-Ro Ruhm geträumt
und hab damit mich ma-me-mi-
mu-mächtiglich geleimt!
Drum nahm ich einen Nagel und ..
und hing den Kram dran auf
und wurde Vi-Va-Vagabund
und pfi-pfa-pfoff darauf!

Ein Bettelmufike-ki-ko-
ku-kant ist auch nicht schlecht,
und wer einmal ein Le-Li-Lo-
La-Lump ist, sei's auch recht!
Zum Mi-Ma-Millio-nö-nü-när
bringt doch von uns es keins,
drum bleib ich, was ich bi-ba-bin,
und pfi-pfa-pfeif mir eins!

(Beifalls-Dankstrophe)
Wir machen unsern Di-Da-Du-
Do-Dank dem Publiko:
es bleib wie wir stets kri-kra-kru-
kro-kreuzfidel und froh!
Ein Mensch, der keinen Spaß versteht,
merkt euch zum Schli-Schla-Schluß,
bleibt ewiglich ein Rha-Rhe-Rhi-
Rho-Rhu-Rhinoceruß!

Maiwärts

Und wenn du jetzt aufwachst morgens . .
ganz leis und fein
spielt um die Dächer
der Sonnenschein!

       (Lehr- und Wanderjahre)

Ja es wird Frühling!
ja es wird Frühling!
ich habe draußen schon Knospen gesehn
und in Hecken irgendwo
klang es wie ein Vogelliedchen
heimlich froh . .

       (Tor auf!)

Nun ist er doch da! nun ist er doch da!
und klingt und singt und lacht und lockt!
so weit ihn der Winter nach Süden verschlug,
und so lang ihm der Regen den Rückweg zertrug,
und ob im späten April sogar
kaum erst ein Veilchen zu sehen war!

(Zwischenklänge)

Flechtet rote Rosen
euch ins Lockenhaar,
rüstet euch zum Fest und geht und
schmückt ihm den Altar:
König ist der Frühling!
jubelt, jauchzt und singt,
singt das Lied der Jugend, das
der Welt er wiederbringt!

(Zwischenklänge)

Alles Leid..

Alles Leid aus trüben Tagen,
komm, wir wollen es begraben!
Denk doch, denk doch: ein paar Wochen,
ein paar Wochen und's wird wieder
Frühling, und am Weg der Flieder
blüht, und Lieder über Lieder
trillern über Tal und Höhn,
und die Welt wird wieder schön!

Und womit in Wintertagen
wir wie dumme Kinder, ach,
uns das Herz verängstet haben,
komm und laß es uns begraben
und uns keinen Gram mehr machen!
Laß uns fröhlich sein und lachen:
Ein paar Wochen, ein paar Wochen,
und der Winter ist gebrochen,
und's wird wieder
Frühling.. und am Weg der Flieder
blüht, und Lieder über Lieder
jubeln über Tal und Höhn,
und die Welt ist wieder schön!

Vorfrühling

Vielleicht, ach ja! .. doch noch ist's nur
    besorgtes Zagen;
noch ist's erschreckt nur und versteckt
ein Horchen und Fragen!

Noch wagt am Strauch die Knospe nicht
sich zu erschließen,
noch wagt vom Hang die Quelle nicht,
lauter zu fließen!

Noch klingt das Lied des Vogels ach! nur in
verlorenen Klängen,
obschon ihm seine Sehnsucht fast
das Herz möcht sprengen ...

als könnt ein allzufroher Ruf
dem leisen Werden wehren
und was erwachen möchte und blühn,
wieder zu Winter kehren!

Halloh, es wird..

Halloh, es wird Frühling!
halloh, es ist März!
hörst du den Sturm nicht,
altes Herz?!
und siehst du nicht:
wie Tag um Tag nun immer heller
die Sonne durch die Wolken bricht,
und wie es ringsum tropft und rinnt
und wie es zu keimen und knospen beginnt
in Tal und Höh, all-allerwärts ..
siehs doch und glaub es, altes Herz!

Siehs doch und glaub es
und rüst ihm entgegen
und schüttle ab, was dich bedrückt
und verstimmt ..
es ist so einfach alles, wenn man
selber nur es einfach nimmt!
und Sorgen und Schwarzsehn trägt nicht weit,
Zuversicht schafft es und Freudigkeit!

Also raffe dich auf, halloh! und tu mit
und halte Schritt,
und mache dich jung wieder, altes Herz!
es wird ja doch Frühling!
es ist ja schon März!

Das kannst du nicht..

Das kannst du nicht zwingen:
      daß die Knospen springen,
eh die Sonne ihnen ihren Mai gebracht!
aber daß, was hinter dir liegt,
dich nicht schreckt mehr und unterkriegt:
was Winter in dir abzustreifen
in aller Stille.. und Knospen zu reifen
und dich selbst zum Frühling durchzuringen..
das kannst du zwingen!

Hellblauer Himmel ..

Hellblauer Himmel und Sonnenschein ..
so will ich's haben, so muß es sein,
wenn ich nach Zeiten voll Warten und Weh
meine Liebste wiederseh!

Hellblauer Himmel und Sonnenschein ..
so will ich's haben, so muß es sein:
Tal und Höhe in horchendem Traum,
junggrüne Knospen an Busch und Baum,
Amselruf von irgendwo ..
ganz leise nur alles und doch so froh,
o so jubelfroh,
wie ich selber, wenn ich nach Warten und Weh
meine Liebste wiederseh!

Und später einmal ist's nicht mehr bloß Traum,
nicht mehr bloß Knospengeflirr und -Flaum:
jauchzende Lieder durchklingen den Tag,
in Blüte und Blust stehn Höhe und Hag,

in goldenen Garben Wiese und Feld,
die ganze Welt
ein seliger Garten
voll Rosen und Sommer und Sonnenschein ..
und so will ich's haben und so muß es sein!

O das Herz ist mir..

O das Herz ist mir so warm .. und die Sonne
scheint .. so wunderschön!
Frühling! Frühling!
Wie fernes Glockenläuten liegt es mir im Ohr,
wie Wipfelrauschen tief in sommergrünem Wald ..
und ich möchte auf und hinaus ..
dich suchen ..
in allen Händen Veilchen, Primeln, Mandel-
blüte .. so viel ich tragen könnte ..
und dich überschütten damit
und niederknien und dir die Hände küssen ..
o du! o du!

Und draußen .. wie es dahinströmt .. oster-
fröhlich .. Alt und Jung!
und die Straßenbahnen stürmt: hinauszu-
kommen ins Grüne und Sonne, Sonntag und

Frühling zu haben und fröhlich zu sein und sich
zu freun!

O ich hab sie so lieb, die Menschen!

und ich möchte zu jedem hingehn und ihm
die Hand geben und sagen: gelt, nun wird es
wieder schön und leicht, und man kann hinaus!

*

Und all die kleinen Mädchen überall
in hellem Kleidchen mit glührotem Sonnen-
schirm und riesengroßem Hut..

Es muß hübsch sein, so ein kleines Mädchen
zu sein!

So ein kleines Mädchen kann spazieren gehen
und braucht über nichts nachzudenken.. und tuts
auch nicht!

es braucht sich auch daheim um nichts zu
sorgen und zu grämen, als niedlich auszusehen..
und tuts auch nicht!

all der Kram, mit dem wir uns das Herz
belasten, ist ihm ganz einerlei!

es singt und klingt darüber weg und.. darf
es auch!

es darf fröhlich sein und in den Frühling
hinauslachen so laut und so übermütig als es
will und kein Mensch verübelts ihm und hat
etwas dagegen!

Es ist wie ein kleines Vögelchen, das von
Baum zu Baum hüpft und sein Liedchen zwit-
schert

und alles sieht ihm nach und freut sich und
hat es lieb!

*

Flöte freilich würde sagen:

aber sie sind nur so niedlich, so lange es
eben so kleine Mädchen sind. Wenn es Frauen
werden, denken sie auch nicht weiter nach, und
das ist böse

oder sie denken nach, und das ist noch böser!

Du bist die Sonne..

Ich bin fünfundzwanzig
und wandere mein Ränzel auf dem Rücken
in die Welt und sing mein Lied
von Dorf zu Dorf, von Stadt zu Stadt.

Und überall wieder
Rosen und Flieder,
Lachen und Lieder,
Lust und Tanz!
überall nur weitoffene Türen,
überall Jugend nur, Glück und Glanz!
O Frühling! o Frühling!

Und du bists, du, der ich entgegenjauchze!
der alles gilt, was ich ersann!
die ich mit allem Köstlichen umträume,
das ich weiß und denken kann!

Du bist die Sonne, die die Welt überleuchtet,
du bist die Heimat hinter mir
und vor mir grüßend und winkend die Weite!

Du bist das Tal, durch das ich schreite
blühende Gärten und Felder entlang!
du bist der Wald mit wogenden Wipfeln,
du bist das Lied, das er mir rauscht,
immerzu
in Sturm und Ruh!
o du! o du!

Du bist das Kind an meinem Wege,
das mir Rosenkränze flicht,
du bist die Nacht mit ihrer Sehnsucht,
der Tag mit seiner Zuversicht!
Du bist Anfang, du bist Ende ..
ich küsse dir die lieben Hände,
leise, leise .. segnet mich!

Alt-Heidelberg

Lied der alten Herren zu einer Frühlingsfahrt

Weise: „Santa Lucia"

Glanz-, Blüt- und Lied-umrauscht,
    jauchzend und singend,
jubelt der Lenz ins Land,
alles verjüngend . .
weckt neu in jeder Brust
Träume von Lieb und Lust
seligster Tage.

Und ob auch noch so viel
Jahre verronnen,
manch braunes Lockenhaar
silber-durchsponnen,
ob Sorg und Werktagskram
manchem das Beste nahm
an Lieb und Freude . .

Goldglanzumflimmert,
lockend und lugend
taucht Bild um Bild empor
entschwundner Jugend:
heimlicher Glockenfang,
Lieder- und Becherklang,
wimpelnde Fahnen!

Zaubergleich hör ich's rings
lachen und lauschen,
hör eines Flusses
heimatlich Rauschen,
seh mich in schwankem Kahn
ziehn seine grüne Bahn,
jung, wie vor Jahren:

Berge und Burgen,
freundliche Städtchen,
schmuck, wie sonst nirgendwo,
Burschen und Mädchen ..
liebliches Neckartal,
Sonne allüberall,
Frohmut und Freude!

Siegstark noch immer, trotz
Wetter und Wehe
leuchtet das alte
Schloß von der Höhe,

leuchtet im Sonnenschein
weitauf ins Land hinein,
grüßend und segnend!

Und ihm zu Füßen,
neckarumschlungen,
liebfroh Alt-Heidelberg,
liederdurchklungen . .
allzeit und allerwärts
dir nur gehört mein Herz
jung, wie vor Jahren!

Von Sonne und Schönheit

Meine Mutter ist die Sonne,
und ich weiß, sie hat mich lieb!

(Alltag und Sonne)

Jauchze, mein Herz, und trinke dich satt an dieser Tage goldener
Sonne, an dieser Farben köstlicher Freude, an dieser Ruhe voll
schaffender Kraft . .
jauchze, mein Herz,
und trinke dich satt!

(Alltag und Sonne)

Und mit Rosen in den Haaren
und mit Rosen in der Hand
schreiten selig nun wir beide
in das sommerlachend weite,
lieb- und liebdurchlauchte Land.

(Herzblut)

So: in Schönheit zu leben . .
in sich selber klar und still und die Dinge umher
alle übersehbar offen und in ruhigem Geleise . .
eins mit sich und mit der Welt . .
arbeiten dürfen, nicht arbeiten müssen . .
ich denke immer:
so eigentlich müsse das Leben sein, das sich der Mensch
auf seiner Erde schaffen müsse . .
und nicht dies ruhelose, immer unsinniger werdende
Gehaste und Gehetze unserer Städte.

(Herzblut)

Der ist mein Freund nicht..

Der ist mein Freund nicht, der die Sonne
nicht mag..

Die Sonne muß lieb haben, wer mein Freund
sein will..
die Sonne und das Meer
und den Wald überm Strand
und die Wiesen
und die Wolken, die darüber gehn..
in Stille und Sturm!

Doch nicht bloß so, wie man so sagt, man
habe was gern!

Es muß dir sein, was dem Vogel die Frei-
heit..
es muß zu deinem Leben gehören,
es muß ein Stück von dir selber werden..
ein Stück deiner Seele,

das du hast
mitten auch in Novemberschauern,
mitten in Mauern,
mitten in Alltags-Hast und Last!

Die Sonne muß lieb haben, wer mein Freund
sein will!

Glück

Nun ward es Sommer und die Rosen blühn
und blaue Sterne blitzen durch die Nacht..
und durch die Nacht und ihre blühenden
Rosen und ihre glück-tieffrohe Stille hingehen
wir.. zwei selige Kinder..
und endlos vor uns breitet sich.. in wunder-
barer Helle, von reifendem Korn durchrauscht,
die schöne Welt.

*

Ich bin dein Kind,
und du bist meins!
du bist mein Liebstes,
und ich deins,
und keins
ist ohne das andere Eins!

Goldene Wolken

Goldene Wolken im Abendblau und das Meer
in lautloser Stille . .
nur hie und da noch gluckert eine halbver-
träumte Welle durch das Pfahlwerk unterm
Brückensteg . .
und über den Wassern in der Ferne hüpfen
Lichter auf, wie kleine Sterne!

Der Tag ist müde und will schlafen gehn und
leise sinken ihm die Augen zu . .
hoch am Himmel nur die stillen Wolken
ziehen immer weiter.

Sommermittag

Südstrand. Hövtabhang.
Haselnußstauden, Wacholder, Disteln und
Halmgras, von Libellen und Schmetterlingen
umschwirrt . .

Himmel und Meer ein einziges wolken- und
wellenloses Blau . .

Kein Hauch, kein Laut . .

Die ganze Welt ein seligstummes Blühn und
Blühn und Blühn . . mittagsonnetrunken . . .

Zwei schillernde Pfauenaugen
in zierlichem Spiel sich lockend und überein-
anderfliegend
und in den Thymian fallend.

Alle Dinge haben Sprache..

Alle Dinge haben Sprache, seit du da bist,
und mir ist, als hätt ich nie die Welt in
solchem Glanz gesehn
die Sonne nicht und nicht das Meer
und nicht die Erde um uns her!

Und wenn wir so durch die Wiesen gehn
und wenn wir am Berghang oben stehn
und in hochsommergoldener Fülle
das ganze Land in Ähren sehn..

O ich möchte niederknieen und die Erde küssen:
ich habe dich lieb!
und die Arme breiten zur Sonne: ich habe
dich lieb!
und aufs Meer hinausjubeln: du Meer, so
groß du bist, ich hab dich lieb!

Und es ist alles wie ein wunderbarer Garten:
Tal und Heide zu unseren Füßen,

Felder und Wiesen,
und dort und hier, wohin wir sehn,
die stillen Hütten froher Menschen ..
und Buchten und Seen
und rauschende Wälder auf den Höhn ..
o es ist zum Jauchzen schön
und groß und herrlich!

     *

Alles ringsum drängt und zittert
seine Seele uns entgegen,
und wir fühlen sie uns suchen
und umsehnen und umbeben:
ihr so stummes, gebundenes Leben
zu erfüllen und befrein
und ihm Wort und Lied zu sein!

     *

Und alles gehört uns, dir und mir!
die ganze Welt mit allem ihrem Glanz und
Klang und Schein:
wir sind ihr Sinn, wir sind ihr Sein!
wir sind ihr Leben!
wir sinds, die allem Wort und Wert und
Weihe geben ..
wir, du und ich ..
der Mensch ..
mit seiner Liebe und mit seiner Sehnsucht!

Sonne, Wind und Welle

Im warmen Sande lieg ich, nackt,
und brenne in der Sonne..
und wie mit sammetweichen Tüchern flaggt
der Wind mir über die gelösten Glieder.
Ich höre auf das Lied der Wellen nebenan
und langsam fallen mir die Augen zu, und gold-
und purpurfarbene Wolken sinken auf mich
nieder . . .
Ich bin nicht Mensch mehr .. will nicht
Mensch mehr sein ..
ich bin nur Sonne, Wind und Welle..
ein flüchtiger Zusammenklang von Tönen ..
und wenn der Tag verrinnt am weißen
Strande, verklinge ich zu neuem Lied, wie Sonne,
Wind und Welle,
leidlos, wunschlos in die blaue Nacht.

Wiegenlied

Ich bin nicht mehr als ein rinnender Traum,
ich bin nicht mehr als ein Blatt am Baum,
als ein Tropfen in fallendem Regen,
nicht mehr als ein Sonnenflimmerflaum,
ein Mondlichtschein in Waldgehegen ..
oder sommerentlang
ein Vogelklang,
ein Schmetterling am Heidehang ..
ein Wölkchen das der nächste Wind
lautlos ins Abendrot verrinnt!

Und all meine Lust und all mein Leid,
es ist nur die Lust, es ist nur das Leid
eines kurzen, rinnenden Traumes ..

Es ist nur die Lust, es ist nur das Leid
eines Mondlichtscheins auf einsamen Wegen,
eines Rufes im Ried,
eines Vogellieds
in grünen Waldgehegen ..

es ist nur die Lust, es ist nur das Leid
eines Schmetterlings, der zur Sommerzeit
an blühenden Hängen flügelt
und den der Herbst früh oder spät
spurlos über die Heide verweht!

Ein Sonntag

So geht ein Sonntag still zu Ende, auf den
du lange dich gefreut . .
ein müder Bettler steht am Weg,
am heimatlosen,
und spielt ein Leierkastenlied . .
ein leises Abendrot verweint am Himmel . .
und aus den Gärten her, sommermüd,
kommt's wie ein Duft von heimlich wel-
kenden Rosen.

Frühherbst

Nun kommen jene stillen, klaren Tage:
kleine weiße Wolken am Himmel,
wie Thoma sie malt ..
tiefgrüne weite Wiesen
und Hügelhöhen in der Ferne
mit braunrotbraunem Schimmer in den Bäumen ..
die Gärten alle aber noch
im Sommerfestschmuck roter Rosen
und bunter Astern, umhütet von großen
bienumflogenen Sonnenblumen.

Die Schwalben nur,
die noch vor ein paar Tagen
so laut die Luft durchzwitschert und so froh,
sind fort
und da und dort
steht halb verdorrt
ein Strauch am Weg.

Wir aber wollen,
wenn es kalt nun wird und rauh,

was uns der Sommer gab an Schönem,
wir wollen still es mit nach Hause nehmen
und uns dran freuen und es hüten,
damit es durch die Wintertage
uns einem neuen Mai
entgegentrage!

Hab Sonne..

Weise: „Der Mai ist gekommen .."

Hab Sonne im Herzen,
ob's stürmt oder schneit,
ob der Himmel voll Wolken,
die Erde voll Streit ..
hab Sonne im Herzen,
dann komme, was mag:
das leuchtet voll Licht dir
den dunkelsten Tag!

Hab ein Lied auf den Lippen
mit fröhlichem Klang,
und macht auch des Alltags
Gedränge dich bang ..
hab ein Lied auf den Lippen,
dann komme, was mag:
das hilft dir verwinden
den einsamsten Tag!

Hab ein Wort auch für andre
in Sorg und in Pein
und sag, was dich selber
so frohgemut läßt sein:
Hab ein Lied auf den Lippen,
verlier nie den Mut
hab Sonne im Herzen,
und alles wird gut!

Herbſttage

Der Sommer iſt vorbei, ja, ja! und den Tag über ſtehen
Wolken am Himmel, aber Nachts ſind immer doch die Sterne
wieder da!

(Herzblut)

Laub am Boden, Laub am Boden,
gelb und rot und braun,
Dorn und Hagebutt am Strauche,
leere Neſter im Zaun!

(Lehr- und Wanderjahre)

Als es vor uns lag, wie lang es schien!
und wie schnell es wieder vorüber ging!
Wir freuten uns eben noch auf den Mai,
und wie ein Flug Wolken flog es vorbei!

(Handschrift)

Schmetterling- und
Lied - verlassen
liegen einsam
Höh und Hag,
und in abend-
lautlos blauer
Dämmerung
zerrinnt der Tag!

(Zwischenklänge)

So regnet es sich langsam ein ..

So regnet es sich langsam ein
und immer kürzer wird der Tag und
immer seltener der Sonnenschein ..

Ich sah am Waldrand gestern ein paar
Rosen stehn ..
gib mir die Hand und komm .. wir wollen
sie uns pflücken gehn ..

Es werden wohl die letzten sein!

Du hast den Sonnenschein . .

Du hast den Sonnenschein mitweggetragen,
es regnet und es stürmt seit dieser Zeit
und alles rüstet seinem Ende zu.

Das Laub ist über Nacht fast braun geworden,
die Schwalben wollen fort und sammeln sich,
die Schmetterlinge an den Hängen sind verflogen..

Und bei denen wir saßen,
so oft,
am Waldrand oben,
die wilden Rosen
liegen verblüht und verblättert am Boden.

Es ist eben Herbst!

Doch ich will nicht klagen!
ich will mich freun und fröhlich sein,
so selige Tage gelebt zu haben!

Da war im Wald..

Da war im Wald doch wo ein Tal.. ein
heimlich Tal mit Heidekraut, mit lauter blü-
hendem Heidekraut und großen blauen Glocken-
blumen..

ein heimlich Tal.. abseits des Wegs, den
alle gehn und alle wissen..

ein Sonnenscheinchen nur verriet den Schlupf
uns durch die schwarzen Föhren und irgendwo
in grünen Wipfeln eines Vogels leises Lied.

Und nun, nun suche ich und suche
hangauf und -ab, waldaus und -ein,
und rufe laut und horche still,
ob sich's nicht wieder zeigen will!

O Sonnengruß! o Wipfelruf!

Sommer-Schluß

Die Sonne kommt nicht mehr!
ich glaubs nun selber!
es ist vorbei!
der Herbst war stärker!

Und käme sie,
wärs nur ein stilles, müdes Lächeln ..
ein letzter, abschiedsweher Gruß!

Wozu noch stehn?!
ich möchte gehn!
Es ist nicht schön,
was man so lieb hat,
so hinsterben sehn!

Altes Lied

Das war der Wald und das der Weg
und hier der Bach und da der Steg und
dort die Bank und in den Eichenkronen träumt
golden immer noch die Sonne und über die
Dünen wie vor Jahren rauscht das Meer . .
rauscht das Meer das alte stille Menschenleid
von Lieb und Lassen . .

Und ich gehe und ich stehe und mir ist: ich
sähe draußen, drüben, wo die Straße führt,
einen Burschen ziehn des Weges, hügelab durch
Stoppelfelder, hügelauf durch stille Wälder . .
immer ferner, immer weiter in die abendrote Welt,
und mir ist: ich hör es klingen, und mir ist,
ich hör ihn singen . . und ich singe leise mit:

> Ein Röslein blüht im Garten,
> liebkost vom wandernden Wind . .
> ich bin nur ein armer Geselle
> und du bist ein Königskind! . .

Wie in verklungenen ..

Wie in verklungenen
Hochsommerzeiten ..
sag mir, o sag mir:
rauschen die Wälder
immer so stolz noch
auf sonniger Höh ..
sag mir, o sag mir:
und lichtüberflutet
wiegt sich noch immer
in lautlosem Frieden
tiefgrün von Ufer
zu Ufer der See?

Sag mir, o sag mir:
und still über allem
an dämmerndem Himmel
in goldheller Pracht
wandert noch immer
einsamen Pfades

der Mond durch die
zitternde Sehnsucht
der Nacht?

Sag und: das Lied von
blühenden Rosen,
von Jugend und Liebe,
wie es einst klang,
klingt es noch immer
so laut und so jauchzend,
so selig und siegend
die Gärten entlang?

Erste graue Haare

Ja ja! ja ja! .. die Blätter färben!
und leise wie Dengeln klingt es im Wind!

Wir müssen uns schon daran gewöhnen ..
wir müssen uns schon damit versöhnen,
daß Frühling und Sommer vorüber sind!

✳

Aber: es ist auch im Herbst noch schön!
Wir dürfen nur nicht traurig werden,
wenn am Abend in den Gärten
frühe schon die Nebel stehn!

Wir dürfen nur nicht rückwärts sehn!

Und ich glaube, es ist fast mehr:
sich im Herbst noch freuen zu können,
wenn die Lichter schon tiefer brennen!
und weht auch über Stoppeln der Wind ..
wer weiß, ob nicht die letzten Rosen
seliger noch, als die ersten sind?!

November

Irgendwo jetzt
stehst du am Fenster
und siehst in die Gärten
und siehst in das Land
und denkst an den Sommer
und suchst nach Sonne,
suchst nach irgend einem Schein ..

Aber alles ist welk,
erloschen und leer,
und Nebel hängen an den Hängen
novembergrau
und regenschwer!

Und ich .. stehe hier,
auch am Fenster,
und seh in die Gärten
und seh in das Land
und denk an den Sommer
und suche nach Sonne
suche nach irgend einem Schein ..

Aber alles ist welk,
erloschen und leer,
und Nebel hängen an den Hängen
novembergrau
und regenschwer!

Weihnachten

Weiße Flocken fallen . . . leise . . Glocken
hallen! . . Weihnachten!

Wie oft man schon so am Fenster stand!

wie oft man das alles schon erlebt! und wie
lange man schon auf der Welt! . . da und dort!
und . .

mit wie viel Menschen man schon zusammen
war . . Menschen, die man gern hatte . . .

wo sind sie alle? und wie kam es, daß man
sich verloren? wie kam es, daß man sich freund
war und so fern und fremd wurde?

Man sollte mehr halten, was man Schönes
hat! man sollte treuer sein und anhänglicher!

man sollte alles, was einem etwas war und
gab . . man sollte es unverblaßt und unverwischt
um sich haben können, wie ein gutes Buch, jeden
Augenblick zur Hand . .

und man behält nur . . ein paar Worte, ein
paar Linien, eine Farbe, einen Klang . .

und auch das verflüchtet mehr und mehr,
Jahr um Jahr, und rückt immer ferner, wie
das eigene Leben selber ..

Es ist ein Glück und wird ein Bild! ..

Es kommt und ist da und lacht, und du lachst
mit und küßt es, und leise gleitets von dir weg
und sinkt und rinnt ..

wie ein Flug Tauben, klein und kleiner wer-
dend, in die Ferne schwindet ..

wie auf dem Meer ein Schiff auftaucht und
kommt und Briefe bringt und geht ..

wie du selber auftauchst, da bist eine Zeit
lang und dann gehst!

Horas

non numero, nisi serenas

Weise: „Santa Lucia."

Sind es nicht Toren,
die da stets zittern
und sich das schöne
Leben verbittern?
Wein-, lieb- und liederfroh:
horas non numero,
    nisi serenas!

Was dir auch zugelost
an Leid und Sorgen,
selbst auf die längste Nacht
folgt noch ein Morgen!
Tag-, licht- und sonnenfroh:
horas non numero,
    nisi serenas!

Und wenn der Sommer
sich neigt zur Wende ..
Einmal, so schön es war,
geht's doch zu Ende ..
Dank- und erinnerungsfroh
horas non numero,
    nisi serenas!

Vom sieghaften Willen

Nicht bei Seite gehen,
nicht drum rum gehen und ausweichen, nicht
darüber hinwegträumen . . .
Stand halten,
Aug in Auge seine Kraft erproben und Herr
drüber werden!

(Alltag und Sonne)

Mir hat man auch nicht weiter gesagt,
wie es zu machen!
man warf mich ins Wasser
und lachte: nun schwimm!
und ich versucht' es . . und es ging!

(Zwischenklänge)

Geschick ist nur, wozu du selbst
mit eigener Kraft und eigenem Willen
die Reihe deiner Tage webst . .
und Glück doch auch nur, was du selber
aus deines Wunsches Tiefe hebst!

                  (Lehr- und Wanderjahre)

Wer will, der kann,
wärs brechen, wärs biegen,
wer will, wird siegen!
Nur nicht bequem werden,
nur nicht verliegen!

                  (Neujahrsbuch)

Da aber liegt's..

Da aber liegt's:
  der eine biegt's,
der andre bricht's!
laß nur das Schwert nicht in die Scheide rosten,
den freien Mut des freien Manns!
Wer etwas will, der kann's ..
der kann's!
und würd es eine Welt ihn kosten!

Was du vor dir bist, nur entscheidet!
der Spruch der Welt, du lieber Gott!
zerrt heute hist und morgen hott,
und wenn sie dich mit Purpur kleidet ..
für das, was einer litt und leidet,
ist all ihr Purpur Fastnachts-Spott!

Was du vor dir bist, nur entscheidet
und wird des Ganzen innerer Kern ..
nicht Glück, nicht Zufall oder Stern!

und was dann auch dagegen streitet,
der Freie macht sich stets zum Herrn!

Was du vor dir bist, nur entscheidet
und bleibt im buntverwirrten Spiel
des breiten Weltgetriebs das einzig
unverlierbar klare Ziel,
der einzige schaffende Gedanke,
der all dem blinden Her und Hin
Beziehung gibt, Verstand und Sinn,
daß es sich formt und fügt und ordnet
und still zu einem Ganzen webt..
der einzige
feste
Punkt, von dem aus
ein Starker
die Welt aus ihren Angeln hebt!

Den einen trägt's,
den andern trägt's,
dem einen liegt's,
der andere legt's ..
laß nur das Schwert nicht in die Scheide rosten,
den freien Mut des freien Manns!
wer etwas will, der kann's ..
der kann's!
und würd es eine Welt ihn kosten!

O nur nicht müde werden!

O nur nicht müde werden!
alles andre! . .
nur nicht müde werden!

Ich meine nicht: vom äußern Lärm des Tags,
nicht vom Gedränge kleiner Unruhstunden . .
das alles löst sich immer ganz von selbst . .
und löft sichs nicht,
so wirf es hinter dich . .
das große Ziel nur laß dirs nicht verbiegen!

Es kann ein trüber Tag dich wohl verstimmen,
es kann Enttäuschung mißgemut dich machen,
es kann Verdruß ob so viel plumpem Schwindel
zu jähem Zorn vielleicht die Faust dir ballen,
es kann dir auf die Nerven fallen:
lohnt sichs denn überhaupt, zu siegen!?

Das alles löst sich immer ganz von selbst!

Das innere Ziel nur laß dirs nicht verbiegen,
und laß es dir nicht in die Seele kommen
und dich nicht müde machen . .
müde . . in der Tiefe,
da, wo die Quellen des Lebens liegen!

Verbitterung

Verbitterung ist kein Entschuldigungsgrund! und bei nichts!

Wer sich verbittern läßt, hat nie wirklich letzten Willen gehabt zu seinem Ziel!

Äußeres Mißgeschick verbittert nicht!

Verbittern kann nur die Erkenntnis, daß man sich über sich selbst getäuscht und daß man nicht die Kraft hatte zu dem, das man wollte!

Alles andere ist fröhlicher Kampf!

Verbitterung ist immer nur und überall ein Zugeständnis, daß man wohl den Wunsch, aber nie jenen granitenen Willen in der Seele hatte, der nicht erlahmt, bis er Sieger ist!

Verbitterung ist nur Ziel-aufgeben!

Selbstbefreiung

Ich kann euch eures Alltags Last nicht nehmen,
   wie mir die meine niemand nehmen kann
und auch nicht nehmen soll . .
ein jeder finde selber sich zurecht,
ein jeder trage selbst, womit er sich belädt,
und kämpfe selber sich durch Weh und Wohl!

Was ich vermag, es ist nicht mehr vielleicht,
als euch in stiller Feierabendstunde
zu zeigen:
wie es mir, gleich tausend andern, ging:
wie's mich geduckt,
und wie ich gezuckt
und wie ich jede Zuversicht verlor . . .
und wie ich plötzlich dann trotzig wurde:
was andere zwingen, das zwingst du auch!
es gibt kein Schicksal, Verlust und Gewinn
ist nur, was ich selber will und bin!

Und wie ich die Arme dann frei mir rang,
und wie ich den Kopf wieder hoch bekam,
und wie ich zu mir selber fand,
und wie sich langsam immer klarer,
immer freier, voller und wahrer
aus der verschütteten Tiefe hob:
alles, was ich seit Knabentagen
glühend in der Seele getragen!

Und wie es Gestalt und Leben gewann
und sich verwuchs und zusammenspann
und höher mich und höher trug,
Morgen, Sonne und Sommer entgegen,
und wie's mit immer hellerem Glanze,
mit immer freudefroherem Ruf
mich umklang und aus des Alltags
Last mir Kraft und Freiheit schuf.

Nur der steht fest..

Die Nähe endlich lern verstehn..
. . . .
und auch mit ihrem weniger Schönen
dich versöhnen!

Nur der steht fest:
der sich auch von den Schattenseiten
der Dinge und von Häßlichkeiten
seinen Frohmut nicht verleiden
und seine Treue nehmen läßt!

Das aber ist..

Das aber ist das Schwere dann:
hinauszuwissen über ein erreichtes Ziel und:
nicht stehen zu bleiben
und sich betören:
nun sei's getan,
nun gehe alles seinen Gang,
nun habe alle Not ein Ende,
am Ziele anzukommen, sei genug!

Ich aber sage: es ist nicht genug!
ein Ziel ist nichts! an ein Ziel bringt sich jeder!
und stehen bleiben rechnet überhaupt nicht!
Es gilt weit mehr, als nur ans Ziel zu kommen..
im Großen wie im Kleinen,
im Groben wie im Feinen!

Es gilt: hinauszuwissen über das Erreichte,
hinauszuringen über das Errungne!
es gilt: von jedem erstrittenen Punkt
weiterzuwollen und weiterzusehn
und immer aufs neue Wege zu finden
hochauf zu immer freieren Höhn!

Den Kopf hoch ..

Den Kopf hoch kriegen
und sich über Wasser ringen
und durchschwimmen ..
ist das Einzige!
sich Glauben und Vertrauen schaffen
zu sich selbst!

Vertrauen zu sich selbst ist Kraft
und Kraft ist Freude
und Freude ist Leben
und Leben ist Schaffen
und Schaffen ist Sieg!

Und Sieg ist wieder Freude
und Leben und Schaffen
und Sieg!

Und zu Sylvester ..

Und zu Sylvester zünden wir uns den Baum
an, nur für uns beide aber .. und alle
Lampen und Kerzen.

Es soll hell und froh und festlich sein, und
Wein und Blumen sollen auf den Tischen
stehen . . .

Und wir wollen nicht traurig sein: daß
wieder ein Jahr vorbei, und wie törichte Kinder
klagen: es habe nicht gehalten und erfüllt, was
es versprochen. Das Jahr verspricht nichts. Das
Jahr ist nichts. Wir sind das Jahr und wir
müssen erfüllen, was wir wünschen!

Und wir wollen Geduld haben und Kämpfer
bleiben und uns nicht vortäuschen: was unseren
Wünschen entgegensteht, es habe keine Berech-
tigung!
    wir wollen nicht blind sein!
    Wir sind zwei von Millionen und Aber-

millionen und müssen sehen, wie wir zurecht-
kommen und durchfinden. Wir müssen das Leben
nehmen, wie es ist, so weh es uns tut, und nicht
bloß, wie wir es möchten. Wir wollen seinen
Forderungen und Nüchternheiten Rechnung
tragen, so weit wir können, freilich ohne daß
es uns die Quellen verschüttet, aus denen wir
schöpfen. Sonst finden wir überhaupt nicht mehr
durch!

Wir wollen uns stählen damit und hart
machen, bis wir so stahl und hart geworden,
daß wir es sind, die ihm befehlen!

Aber wie es uns die Quellen nicht ver-
schütten darf, so soll es auch das Ziel uns nicht
verwerfen, nach dem wir wandern,

und unser Glaube daran soll am Himmel
stehen wie jener Stern, der die drei Weisen
aus dem Morgenlande ihren Weg finden ließ.

Sonn'entgegen!

Weise: „Strömt herbei, ihr Völkerscharen ..."

Nicht der Pflicht nur zu genügen,
was sie fordert und verlangt,
nicht der Stunde nur zu leben,
was sie nimmt und was sie dankt ..
einem stolzeren Wollen gelte
unseres Tages Ziel und Lauf:
über Sturm und über Wolken
Sonn'entgegen trags's uns auf!

Sonn'entgegen aus des Alltags
nebeldumpfem Sorgenspuk
mit dem Siegtroß froher Jugend
über Not und Last und Druck ..
und wenn andere töricht finden,
was sie uns so ‚träumen' sehn,
unsere Losung sei und bleibe:
nie im Alltag aufzugehn!

Gib dem Menschen, was des Menschen!
doch laß Gott, was Gott gehört:
nicht dem Kampf nur um dein Morgen,
auch dir selbst sei etwas wert!
Auch dir selbst, Freund, und der Jugend,
die so stolz die Stirn uns schirmt
und auf Feuerflügeln jauchzend
unsere Seelen aufwärts stürmt!

Und noch heut, so lang uns frohe
Zuversicht noch führt zum Sieg,
laßt entscheiden uns und wählen:
mit wem Frieden, mit wem Krieg!
Freunde, Männer laßt uns werden,
die da stolz im Kampfe stehn,
treu und furchtlos, festverschworen:
nie im Alltag aufzugehn!

Kunst und Leben

Ein Werk der Kunst ist wie ein Mensch und braucht so lang auch wie ein Mensch, um an den Punkt zu kommen, da es nicht mehr zu kämpfen braucht.

Je mehr es Eigenes will, je tiefer seine Wurzeln und je höher seine Sehnsucht, um so schwerer, um so länger wird es ringen müssen.

(Tor auf!)

Das ist das Siegende ewiger Kunst:
unbeirrt vom Wandel der Zeiten,
unbekümmert um Haß oder Gunst,
verhängt nur mitunter
von Wolken und Dunst,
aus stillen Höhen her klar und rein
leuchtende, schaffende Sonne zu sein!

(Handschrift)

Der Dichter kann nur Kompaß sein und weiter nicht!
was er vermag, ist immer nur:
    einen Klang anklingen, eine Richtung nennen, einen Weg
sagen, er kann auch noch ein Stückchen mitgehen allenfalls,
    durchtragen aber, erfüllen, wahr machen . . muß alles
jeder für sich selbst im Rahmen seines eigenen Lebens!

(Sturmbruch)

    Dichter sein ist schwerer, als Gedichte und Novellen
und Theaterstücke schreiben und hat im Grunde gar nichts
damit zu tun!

(Tor auf!)

Künstlers
Gottes-Schöpferkraft

Was wir sind und was wir leben,
es ist nur ein Nu und Nichts!
Hall und Hauch! ein Klang im Winde!
eine Welle nur in Wellen!
es ist nur ein Spiel des Lichts!

Aber in der Flucht der Dinge,
was uns wert scheint, festzuhalten
und zu Ewigem gestalten,
eh die Sonne wieder schwindet,
ehe Dämmerung es entrafft,
das ist unsere selbsterrungene,
eigene Gottes-Schöpferkraft.

Dem Dichter

Greift nur hinein in's volle Menschenleben,
ein jeder lebt's, nicht vielen ist's bekannt,
und wo ihr's packt, da ist's interessant.

Vorspiel zum Faust.

Doch nicht, was du von außen packst,
  ob dich ein Zufall glücklich leitet ..
und wenn du's noch so scharf umzackst ..
krönt dich zum Sieger und entscheidet ...

Nein: ob du's mit den Wurzeln greifst
und wie du's stimmst und wie du's reifst
in stiller Tage stillem Werden,
ob du's zur Sonne aufwärts hebst,
empor aus seines Unwerts Trübe,
empor aus seines Werktags Dunst,
ob du's mit deinem Ich durchlebst
und mit der Sehnsucht deiner Liebe,
dem Gottesatem freier Kunst.

Was sollen wir mit fremder Menschen
gleichgültiger Lust, gleichgültigem Leid?!

Du gib ihm Wort erst, Wert und Weihe
zu dem, dem du dich selbst geweiht!
Wir wollen dich, nicht .. uns, nicht andre!
wir wollen dich, was dich bewegt,
was dich .. auf freigekämpften Schwingen
dem Staub entträgt,
dem Staub, dem Dunst, in dem wir ringen,
der Mühsal zwischen Heut und Morgen,
die uns mit ewigen Pfennig-Sorgen
um unser bestes Teil betrügt!

Mit deines Wortes mächtigem Werde
zerreiß die Nebel, schaff uns Licht ..
und über unserem kleinen Dasein
mit seinem riesengroßen Leid
zeig uns die morgengoldenen Feuer
der Sonne deiner Ewigkeit!

Kunst und Leben

Dich, dein Leben zu Kunst zu klären, mit
allem, was Tag und Alltag ein Recht hat,
von dir zu fordern .. bis aufs Kleinste hinein ..
deine Kunst leben, nicht bloß dichten ..
da liegts!
sie an dir erproben, dich an ihr: wie weit
möglich, was du willst und von anderen forderst!
das allein entscheidet!
das allein reift eine Ernte!

Kunst muß gelebt werden können, sonst ists ..
Handwerk oder Schwindel!

*

Wir sollten weniger Künstler haben und
mehr Menschen! weniger Könner, mehr
Woller!
Bloßes Können ist keine Kunst mehr! und
wenn ein Einzelner es noch so in die Höhe steigert!
Was man können kann, müßte man all-

mählich können! und man könnte auch, man
dürfte nur wollen!

Wer will, kann immer!

Genie ist wollen!

Bloßes Können bleibt Handwerk, wenn der
überragende Mensch dahinter fehlt!

und verfällt!

Bleibendes erzwingt nur der Charakter, und
nur der höhere Mensch schafft Höheres!

*

Sieh, der Eine redet in seiner Kunst nur mit
den Worten, die auf dem Papier stehen,
der Andere, mit dem, was zwischen seinen Zeilen
sich dir auftut!

der Eine erzählt dir eine merkwürdige Anek-
dote aus dem Leben irgend eines Menschen, der
dich gar nichts angeht und dir ganz gleich-
gültig ist!

und der Andere erzählt dir was von dir!

Die meisten Menschen freilich wollen von sich
selbst nichts wissen, mögen sich aber gern mit
Anekdoten unterhalten lassen ..

und so hat der Eine viele und der Andere
nur wenige Hörer und so ist der Eine ein großer,
der Andere ein kleiner Redner!

Was ist Kunst..

Was ist Kunst..
die besten Jahre
hat man sich herumgestritten
und gehungert und gelitten:
was ist Kunst?!
und auch nicht Einer
kam davon ganz ohne Wunde!
und wie viele,
die das Höchste
wollten,
gingen lautlos vor die Hunde!

Was ist Kunst..
die alte Frage
ach und immer neue Klage..
was ist Kunst?!

Ist es Jugend, ist es Alter?
ist es Kampfluft oder Frieden?
Wahrheit oder schöner Schein?

ist es, was die Menge jubelt
oder sind es weltentrückte
lebenfremde Träumerein?!

Ach, ich meine:

Groß und ewig war noch immer
nur: was mit befreitem Flug
über die gebundenen Grenzen
unseres Werktagdaseins trug ..
was mit festem Fuß auf fester
Erde .. doch von allem Bann und
Zwang und aller Schwere frei
lächelnd wie als Spiel uns schenkt,
was das Leben uns zu leben
nicht vergönnt,
und wonach doch unsere Sehnsucht
immer übermächtiger drängt!

Bleib fest!

Bleib fest! es eilt mit nichts:
    gut Ding will Weile!
Nur sei klar dir, wohin du zielst,
und wisse, ob du Wohnhaus oder Wirtshaus
oder Kirche bauen willst!
Dann aber weg- und waggemut ans Werk
von Berg zu Berg!

Und wenn sie kommen und .. sie kommen immer
und wissen immer besser, was du sollst,
als je du selbst:
baust du ein Wohnhaus, wollen sie ein Wirtshaus!
baust du ein Wirtshaus, wollen sie eine Kirche!
und ihre Gründe o! sind immer gut:
für sie ists ein Geschäft, das du bezweckst!
für dich ein Teil von dir! ..

Laß sie und lach!
und bau und mach
getrost, was du für gut hältst, weiter!
Nur hüte dich vor Schnörkelei'n!
die großen Linien sind es, die entscheiden!
die halte rein!

Mache dich, du Künstler!

Mache dich, du Künstler!
nicht irgend ein Gedicht oder einen Roman
oder ein Theaterstück oder ein Musikspiel oder
ein Bild oder ein Denkmal oder ein Landhaus
oder einen Teppich oder einen Stuhl oder Wein-
gläser oder Bierkrüge ..

Bierkrüge und Weingläser und Stühle und
Teppiche und Landhäuser und Denkmäler und
Bilder und Musikspiele und Theaterstücke und
Romane und Gedichte

hat die Welt genug!

übergenug!

aber keine Menschen hat sie!

schaffe einen Menschen!

schaffe dich!

doch nicht für eine Potemkin-Welt aus Pappe,
sondern für die Welt lebendigen Lebens auf der
Höhe!

Der Künstler

Oben auf dem breiten Gesims eines Boden-
fensters saß er.. mit langen braunen Locken.
Sein feines Gesicht war krankhaft blaß, seine
Brust atmete schwer und langsam, aber seine
Augen flammten in blitzendem Feuer, als strahlten
sie die Abendlichter zurück, die durch die stillen
Wipfelkronen der Eichen flimmerten, die das
Haus umstanden.

Er hatte einen Strohhalm in der Hand und
tauchte ihn dann und wann in ein kleines Kristall-
glas voll purpurroten Schaumes, das auf dem
Gesims neben ihm stand, und blies prächtige
Seifenblasen in die Luft. Immer größer und
schöner. Und wie Gold und Purpur leuchtend
trieben sie die Gärten hinab, zwischen die ärm-
lichen, niedrigen Dorfhütten hinein.
Unter dem roten Schaum in seinem Glas
jedoch pulsierte, langsam und immer langsamer,
ein leise zuckendes Herz.

Drüben über dem Gartenzaun stand ein

Haufe Kinder, die sich nach und nach zusammen-
gefunden hatten, ihm zuzusehen, und schrie und
lärmte zu dem stillen, einsamen Knaben empor
und klatschte in die Hände über das schöne
Seifenblasenspiel, das er ihnen vormachte:

„Noch mehr! noch mehr!"

Wenn eine davon jedoch zu schwer geraten
war und niedersank, so kletterten sie auf den
Zaun und schlugen nach ihr und freuten sich,
wie sie zerplatzte.

Die Sonne aber sank tiefer und tiefer, und
die blitzenden Augen des Knaben oben erloschen,
in gleicher Weise mit der Sonne. Zuletzt blieb
nur noch ein einziger Strahl an seinem Glase
haften. Wie Golddampf leuchtete es daraus auf,
und ein zitterndes Purpurwölkchen zerkräuselte
sich in der Luft, während die Kinder über dem
Straßenzaun drüben johlend in die Hände
klatschten . .

nur durch die Kronen der alten Eichen
schauerte ein heimlicher Windstoß.

. . . .

„Seife hätt's auch getan!" meinte der Toten-
gräber am anderen Tag, „und er wäre dann
noch am Leben!"

„Seife . . hätt's auch getan!"

Stammbuchblatt

Dem Einen macht es Spaß, bei Reichen
zu Gast zu sein,
dem Andern mehr, bei Seinesgleichen
zu Rast zu sein
und in erträumten Königreichen
auf goldenem Thron
Phantast zu sein.

Sylvesterlied

Weise:
„Mein Lebenslauf ist Lieb und Luft" oder: „Da streiten sich
die Leut herum" oder: „Wenn ich einmal der Herrgott wär"
oder: „Im schwarzen Walfisch zu Askalon" oder: „Wenn ich
an meinem Amboß steh"
oder jede Strophe wechselnd

O käm man nochmals auf die Welt!
wer hätt's nicht schon gedacht,
zumal wenn wo was hapert und
man Rechnung mit sich macht!
O käm man nochmals auf die Welt:
man wär ein weiserer Mann
und schnitte nicht jedwede Wurst
am falschen Zipfel an!

Man tappte nicht so hin und her,
von Illusionen blind . .
man nähm das Leben, wie es ist,
die Dinge, wie sie sind!
Man wüßte gleich bei jedem Wind,
wie man sein Segel refft,
und trieb' die Kunst, wie andre auch,
als fröhliches Geschäft!

Man kochte, wie man kochen soll,
mit Wasser, statt mit Wein,
und tränke diesen lieber still-
vergnügt für sich allein!
Man quälte nicht das Herz sich ab
zu fremder Leute Lohn
und stünde Marquis-Posa-stolz
vor jedem Fürstenthron!

Man wär. man würd. man tät. man stünd!
man träumt sich Wunder was!
ich fürchte bloß, ich fürchte bloß:
es blieb' ein kurzer Spaß!
Man tät. man würd. man wär. ach ja,
ich fürchte, um kein Haar
vernünftiger oder klüger, als
beim ersten Mal man war!

Man steuerte ganz ebenso
zick-zack im Leben rum
und nähme alles Krumme grad
und alles Grade krumm!
Man wär derselbe reine Tor
bei Deutsch und bei Latein
und fiele überall, vallera!
mit der gleichen Grazie 'rein!

Im Sturm der Zeit

Lege das Ohr an die Erde
und höre! . .
und du wirst Hufgestampf hören,
in weiter Ferne nur,
aber näher und näher kommend!

(Alltag und Sonne)

Einer allein kann es nicht! auch nicht hundert!
wir müssen alle mithelfen, Groß und Klein! jeder in
seiner Weise!
und guter Wille ist schon halber Sieg!

(Tor auf!)

Sing, Flamme, sing!
kling, Hammer, kling!
Nur in Glut und Hammerschlag
wird und wächst, was währen mag!
So sag ich!
(Wieland des Alten Hammerlied)

Was du vor dir bist, nur entscheidet
und bleibt im buntverwirrten Spiel
des breiten Weltgetriebs das einzig
unverlierbar klare Ziel . .
(Lehr- und Wanderjahre)

Es liegt etwas in der Luft!

(1889)

Es liegt etwas in der Luft, mein Freund,
  es liegt etwas in der Luft!
Hörst du den Wettersturm zur Nacht,
wie's in den alten Eichen gekracht?
wie es die Fensterläden schlug
und heulend im Kamin sich fing?
Sahst du den Himmel heute früh,
wie Blut so rot, brandfackelglüh?!
  Es liegt etwas in der Luft, mein Freund,
  es liegt etwas in der Luft!

Es ist eine seltsame Zeit, mein Freund,
es ist eine seltsame Zeit!
Ein immer toller Gehaste von Jahr zu Jahr!
nichts soll mehr bleiben, wie es war!
nichts soll im alten Gleis mehr gehn
und ruhig, fest und sicher stehn!

Ein jeder redet und redet drein
und jeder will der Klügere sein!
der eine hofft dies, der andere das
und keiner aber weiß recht: was?!
   Es ist eine seltsame Zeit, mein Freund,
   es ist eine seltsame Zeit!

Und wie es gestalten sich wird, mein Freund,
und wie es gestalten sich wird?
in welcher Richtung? in welchem Sinn?
ob zu Verderben? ob zu Gewinn?
Die Jungen haben es in der Hand ..
die Jungen mit ihrem Jugendmut,
mit ihrem Glauben, mit ihrer Glut!
und wenn sie furchtlos festen Blicks
hinaussehn über ihr kleines Heut
und über Parteigezänk und Neid ...
   dann, glaub ich, gestaltet sichs gut, mein Freund,
   dann, glaub ich, gestaltet sichs gut!

Sonn' auf!

Ein neues Lied vom Grafen Zeppelin.

Lacht, wollt ihr lachen!
mir tut es nichts!
ich mach's und werd's machen,
und biegt's nicht, so bricht's!
Doch ich bieg's,
ich krieg's,
ich fliege noch!
ich sag: es geht!
es geht nach rechts und geht nach links!
ich setz den letzten Taler dran
und halt es durch und zwing's!

Und wenn ihr tausend Mann hoch steht
und mir allorts den Weg verlegt . .
ein Lump ist, der sich lumpen läßt,
ein rechter Kerl ist kugelfest!
Frischauf und drauf,
die Hand am Knauf . .

einem braven Reiter
hilft Gott noch allemal weiter!

Ich mach's
und schaff's,
ich sag: es geht,
es geht nach rechts und geht nach links,
und brauch ich hundert Jahr dazu,
ich hau es durch und zwing's!"

*

Und nun kommt's durch den stillen Raum
gleich einem silberlichten Traum
sonn'auf!
so friedlich froh, so sieghaft sicher,
so leicht, so aller Schwere frei,
als ob es selbstverständlich sei ..
sonn'auf!

Und lächelnd stehst du still und siehst,
wie es zu dir heruntergrüßt;
„Sonn'auf!"
sich senkt und lenkt
und naht und neigt
und wieder hoch und höher steigt:
„Sonn'auf!"
und pfeilgeraden Fluges, kaum
begriffen ganz,

im blauen Glanz
gleich einem silberlichten Traum
entschwindet überm Hügelsaum;
„Sonn'auf!"

*

„Mein deutsches Volk, ich schenk es dir!
Es ging dir auch ja schon wie mir,
auf manchem deiner Wege!
Doch wo ein Wille am Werk,
trägt's über den Berg,
er sei so steil er möge!

Und wenn man spottet auch und lacht,
bleib treu dem, das dich groß gemacht,
lach mit und sag:
Verzag, wer mag!
es kommt ein Tag,
an dem's gelingt.
ein Tag, an dem die Hülle sinkt,
ein Tag, der euch zum Glauben bringt!
Und sperrt man rechts den Weg und links,
fürcht dich vor rechts nicht, noch vor links,
und sieg es durch und zwing's!

Kopf-oben-auf,
die Hand am Knauf,
Sonn'auf, mein Volk .. Sonn'auf!"

Gesang der Toten

Dem Andenken der für uns Gefallenen

O laßt euer Weinen, o laßt euer Klagen,
o laßt es, euer Trostlos-sein!
Ihr habt uns den Helm mit Blumen geschmückt,
als wir zur Fahne ausgerückt,
ihr sagtet:
Zwingt ihnen das Schwert aus der Hand!
mit Gott für König und Vaterland!..
und Hurrajauchzen und Jubel klang
die ganze Fahrt an die Grenze entlang!

Und weiter ging's .. durch zerschossene Städte,
durch brennende Dörfer, verwüstete Gaun,
rundum Verderben, Jammer und Graun!
Und wir dachten an Deutschland,
an die Heimat,
an unsere Mütter,
an unsere Fraun,
an Kinderzeiten, an die Liebste,
an alles, was uns dem Leben verband ..
doch hinter allem immer stand
unverwandt:

So wär es geworden, so würde es werden,
hielte der Feind bei uns im Land:
zerschossene Städte, brennende Dörfer,
verwüstete Gaun,
rundum Verderben, Jammer und Graun!

So zogen wir vorwärts und so lagen
wir wochenlang wieder in Gruben und Graben,
und erging dann Befehl zu Angriff und Schlacht..
meint ihr, es hätt auch nur einer
von uns an Sterben gedacht?!
In zischendem Bogen
schon kam es geflogen ..
Granaten von unten, Granaten von oben,
Gefauch und Gestauch, Geknirsch und Geknetter,
Geschetter, Gewetter, Gestoß, Getos,
als wäre Höll und Teufel los ..
doch wir lachten bloß:
Lasset es krachen!
auf, Kinder, und drauf!
wir müssen es machen!
und wir machen es auch!
ein Hurra der Fahne, ein Hurra dem Feld,
ein Hurra dem Sieg unserer deutschen Welt! ..

O laßt drum, o laßt euer Weinen und Klagen,
tragt es mit Stolz, das Geschick, das euch fiel!
Leben ist schön! doch es ist nicht das Letzte,

es gibt noch ein höher geflügeltes Ziel!
Und wozu ihr uns einst auf die Erde geboren
und was ihr an Köstlichem uns enthüllt,
an Liebe und Treue,
immer aufs neue,
wir haben im heiligsten Sinn es erfüllt;
Wir stehen als Hüter mit flammendem Schwerte
grenzauf, grenzab, in West und Ost,
kein Feind soll euer Land betreten
und keiner betritt's auch . . . seid es getrost!

Und rief man uns heute zum Leben zurück,
wir wüßten kein höher, kein heiliger Glück!
Und ihr selbst..ihr drücktet uns wieder die Hand:
Mit Gott für König und Vaterland!
und wir zögen ebenso jubelnd hinaus,
ein Lied auf den Lippen, am Helm einen Strauß,
und hielten ebenso treu die Wacht,
und ebenso jauchzend ging's in die Schlacht:
Einer für alle und alle für einen!
ein Hurra der Fahne, ein Hurra dem Feld,
ein Hurra dem Sieg unserer deutschen Welt!

Der Verwundete
und die junge Frau

Statt ins Leere zu starren, die Hände im Schoß,
    stundenlang, und fassungslos
herumzugehen:
Wenn er nun fällt,
mein einzig Liebstes auf der Welt! . .
und an allen Ecken
andere damit anzustecken . . .
ich kann es verstehen, gewiß! ganz gut!
ich weiß, wie mir selber schon zu Mut!

„Aber es ist doch fürchterlich!
der ganze Krieg! und ein und aus
Opfer an Opfer, Haus an Haus!
alle die Zeit
Not und Leid,
Last und Schwere, Unrast und Leere!
o wenn es doch vorüber wäre!"

Gewiß, gewiß, es ist fürchterlich!
und Krieg ist immer ein Unglück gewesen!
und wir haben ihn nicht gewollt!
und jedem wäre Frieden lieber,
ausnahmslos,
klein wie groß,
kein denkender Mensch denkt anders darüber,
aber es ist nun doch einmal so!
was sollen wir tun?
wie sollen wir's ändern?
sprich und schlicht's!
Jammern und Weinen nutzt zu nichts,
und mit hilflosem Händeringen
werden wir niemals Frieden erzwingen! . .

Nein, sage nicht: auf dich komm's nicht an,
dein Dasein sei ganz einerlei
und spiele keinerlei Rolle dabei!

Denke: es wären alle wie du
so voll Zittern und Zagen,
glaubst du, wir draußen hätten Ruh,
was zu wagen!
glaubst du, wir draußen empfänden es nicht,
wie man zu Hause hier denkt und spricht!
Und wären wir zehntausend Meilen weit,
dein Glaube ist es, der uns feit,
dein Mut, der uns die Waffen weiht

und Sieg verleiht,
und wir fühlen durch Tor es und durch Turm,
und mitten im tollsten Kanonensturm!

Auch Mut drum ist Pflicht,
und statt zu klagen und zu zagen,
halte lieber
den Schild uns über
heiterfreudiger Zuversicht!

Trotz
alledem und alledem!

Höher immer in die Höhe,
tiefer in die Tiefe ringend,
unermüdet, unvergällt . .
wenn ein jeder nur ein aufrecht
ganzer Kerl auf seinem Feld,
bleibt trotz Haß und Hohn die Fülle
deutscher Art und Kraft der stille,
unzerstörbar quick- und quille
Sauerteig der Zukunftswelt!

Jungmannenlied

Weise:
„Gold und Silber lieb ich sehr"
oder
„Mich ergreift, ich weiß nicht wie"
bzw. Gaudeamus

Wer am meisten trinken kann,
hieß es einst, sei König!
aber auch der Biedermann
trank zumeist nicht wenig!
doch die Zeiten ändern sich,
Menschen, Werk und Spiele,
und ein reif gewordener Sinn
stellt sich stolzere Ziele!

Müh und mühsam ward die Welt,
feindlich allerfährten,
daß wir ihr gewachsen sind,
muß zur Losung werden!
aber nicht mit Worten bloß
und für gute Stunden,
nur wer wirklich Ernst draus macht,
zähl sich uns verbunden!

Leib und Seele kling und klar . .
denken, statt zu fragen . .
kopfauf und geruhigen Schritts,
auch in krummen Tagen . .
Männer gilts zu werden, Freund,
und durch Tat beweisen,
Kerle, wie im großen Krieg:
hürnen, stahl und eisen!

Und es ist die Jugend, die
heute schon erbreitet,
ob ein Weg einst aufwärts trägt
oder abwärts leitet!
Auf doch trägt nur, was man schafft,
nicht was man erbettelt,
und die Zeit, da's Zeit dazu,
ist gar schnell verzettelt!

Eben darum aber auch
lasset uns in Treuen
unserer jungen Jahre uns
hellen Herzens freuen,
denn ein unversieglich Herz
hellgestimmter Quellen
braucht's vorall, um in der Welt
seinen Mann zu stellen!

Kiel- und Ziellinien

Für eine Fliege ist ein Zimmer schon die Welt,
für einen Schmetterling ein Blumengarten,
für einen Sperling ein begrenztes Tal . .
wen's höher trägt, der mißt von höherer Warte!

(Schwertschmied)

Miß nicht nur an deinem Wunsche,
er überfliegt sich gar zu leicht!
miß auch an dem, das du erreicht!

Aber was du träumst und möchtest,
was an Sehnsucht dich bewegt,
sei und bleibe, was durch alle
Zweifel dich, durch Lärm und Stille
weiter stets und höher trägt!

(Zwischenklänge)

Luftschlösser bauen ist keine Kunst!
Aber ein Haus, das auf der Erde steht, fest und
froh! und wär es noch so klein und bescheiden!
darin werde Meister!

(Steinklopfer)

Geh es, wie's geh . .
nur nicht im Hafen
liegen und schlafen
und sich genügen mit leichtem Spiel!
Kampf und Sieg allein ist des Lebens
heiterstes Ziel!

(Herzblut)

Das Licht der Die

Das Licht der Die . .

Weißt du noch, wie wir manchmal standen
und ihm zusahen?

Es hat etwas so Rührendes und Treues!
Sobald es dämmern will, blitzt es auf und
flimmert dann die ganze Nacht in die Weite,
wie ein stummer Gruß.

Ich sehe beim Schreiben immer wieder ein-
mal hin, und es ist immer da und wacht, und
bevor ich zu Bett gehe, stehe ich fast immer noch
ein Weilchen am Fenster und denke zu ihm
hinüber . .

Es ist wie ein fester Punkt! Es tut nichts
weiter! es kann niemand helfen, der sich nicht
selbst zu helfen weiß! es ist nur da und leuchtet
auf und taucht weg und leuchtet wieder auf
und taucht wieder weg . . weiß und rot und
wieder weiß und wieder rot! still und ruhig,
wie etwas ganz Selbstverständliches!

Ich dachte mitunter schon, wozu eigentlich?!
aber es sind eben doch immer Fischerboote
unterwegs, und wenn auch die meisten vielleicht
ihren Weg so wissen .. ein Mal haben sie ihn
auch noch nicht gewußt! Und dann .. denke dir:
man wäre so draußen und Sturm käme und es
würde Nacht und immer wegloser und verlo-
rener, und .. man sähe plötzlich dieses Licht auf-
blitzen und wüßte: nun bist du da und da!

Was auf dem Land ist, hat seinen Weg! ..
aber .. denke dir, wie das wäre: mitten in tot-
finsterer Nacht auf wogenden Wassern, in zer-
brechlichstem Boot, müde und .. vielleicht schon
an allem verzweifelnd, und plötzlich: ein Licht!
ein fester Punkt!

So müßte man Kindern den lieben Gott klar
machen!

Er ist da und wacht und leuchtet, aber er
tut nichts weiter! er redet nicht und hilft niemand,
der sich nicht selbst zu helfen weiß! und man muß
das auch nicht von ihm wollen! er ist nur da
und leuchtet auf und verschwindet und leuchtet
wieder auf, weiß oder rot! und die auf dem
Wasser wissen dann: jetzt sind wir da und da
und müssen da und dorthin halten, um an Land
zu kommen.

Meiner Mutter

Die Jahre sind hingegangen . . .
        und war auch viel Unruh dabei,
es ist doch auf jeden Winter
        wieder Frühling geworden und Mai,
und ich meine fast, immer nur schöner
        und reicher, als wir gedacht . .
so manches auch fehl geschlagen,
        worauf man sich Hoffnung gemacht!

Und wenn ich so rückwärts denke,
        fallen Kindertage mir ein:
ein kleines Städtchen . . Gärten . .
        Feldhänge voll Sonnenschein . .
und oben am Kreuzweg beim Wald
        in stiller Einsiedelei
ein Mutter-Gottes-Kapellchen
        und eine Bank dabei!

Ich weiß noch . . ich stand ja so oft da
und guckte neugierig zu,
wenn Leute kamen und knieten:
Mutter-Gottes, o hilf uns du!
wir wissen uns keinen Rat mehr . .
und wir haben auch nicht mehr den Mut!
wir haben alles getan und . .
o hilf uns und machs wieder gut!

Und wie die Leute da kamen,
zu beten und auszuruhn,
so kamen auch wir zu dir:
rat uns! was sollen wir tun?
und du hast immer Hilfe
und frohe Worte gehabt und Mut,
und wir sind fortgegangen
und wußten: nun wird es gut!

Und führen auch unsere Wege
immer weiter von Jahr zu Jahr . .
zu Hause bei dir, in der Heimat,
ist alles, wie immer es war:
Still wie das alte Kapellchen
in verwitterter Einsamkeit
stehst du über unserem Leben
und segnest unsere Zeit!

Philosophie

Philosophie . . .
   Ich dachte auch einmal, sie könne mich
erlösen und den Weg mir zeigen und die Tore
öffnen mir zum Sinn des Lebens!

Und ich ging und suchte mich in ihre Berge . .
   und was ich fand, es war ein großes altes
graues Kloster, mit alten grauen Mönchen, ab-
geschlossen von der Welt, in einsamen Zellen . .
mit altertümlich seltsamen Gebräuchen.
   Sie waren gütig gegen mich und führten mich
herum und zeigten mir ihre Schätze und Samm-
lungen und ließen mich alles lernen, was ich
lernen wollte, und ich freute mich, in ihrer
wundersamen Welt zu sein.

Doch eines Tages kam der Frühling und
durch mein Zellenfenster klang ein Vogellied und
Kinderstimmen lachten irgendwo
   und ich nahm mein Bündel und stahl bei
Nacht mich wie ein Dieb durch ein vergessenes
Gittertor ins Tal
   und wanderte ins Leben.

Einerlei wo . .

Einerlei wo,
    an einer Stelle mache Halt und sage: Es
gilt, den Kopf hoch zu kriegen und:
    Dieser Stein ist die Mitte der Welt!

    Von diesem Punkt aus will ich sehen!
    von diesem Punkt aus will ich meine Bogen
schlagen . .
    von diesem Punkt aus will ich mich begreifen
und die Welt und annehmen oder ablehnen . .
    und wäre er falsch . .
    ein falscher fester Punkt ist immer besser noch
und bauender als keiner und all der tausend
Theorien ewig Hin und Her und Kreuz und
Quer.

Schicksal!

Es ist so leicht, so leicht, wie sichs die Menschen machen!

Sie sagen: es ist Schicksal! ich vermag es nicht zu ändern!

sie sagen: es ist Gottes Wille! ich muß mich fügen!

es ist Vererbung! ich muß es tragen!

Vorausbestimmung!

Verhängnis!

Unglück!

Tücke!

Pech!

es ist stärker als ich!

ich kann nichts dafür!

du kannst nichts dafür!

wir können nichts dafür!

Sie sagen nicht ein einziges Mal:

es ist meine Schuld! es geschieht mir Recht!

ich hätte besser vorsorgen sollen und auf der Hut sein!

Von Mann und Frau

Der Mann ist immer Kind in seiner Seele, weit mehr vielleicht als die Frau!
Er darf es nur nie sein!
und darum wurde .. sein Arm stärker als der der Frau und sein Herz härter und sein Wille rücksichtsloser
und nun
träumt er von der Frau, was er selbst nicht sein darf und vielleicht auch nicht mehr recht sein kann .. denn es verkümmert schließlich, was sich immer und immer zurückhalten und verbergen muß.

*

O daß die Frau es mehr verstünde, über Zaun und Hecken hinweg in seiner Seele zu lesen
und ihn Kind sein zu lassen ihr gegenüber, wenn er einmal müde ist, Herr zu sein, und die Zügel für ein Weilchen aus den Händen geben möchte!

o daß sie mehr verstünde, mit ihm zu gehen
durch die Stimmungen seiner Sehnsucht
und ihnen entgegenzufühlen!

daß sie nicht immer bloß eines wäre: Kind
oder Frau oder Mutter, daß sie mehr vermöchte:
alles zugleich zu sein!

wie sie selbst von ihm ganz ebenso doch Kind
und Mann und Vater haben will und nicht bloß
eines!

Er will, was Kind in ihr: die ganze zu-
trauliche Zärtlichkeit ihrer Seele, ihren Glauben,
ihre Fröhlichkeit und Leichtigkeit!

er will, was Weib in ihr: ihre Sehnsucht
nach Leben, den Durst ihrer Sinne, ihre Leiden-
schaft und Eifersucht!

er will, was Mutter in ihr: ihren Stolz, ihre
Güte, ihre behütende Sorglichkeit und Treue und
Aufopferung!

Er will, sie soll seine Helferin sein bei allem
und im Kampfe mit ihm stehen, aber er will auch,
sie soll darüber hinaus sein und Hüterin seines
Hauses!

er will, sie soll Dienerin sein und zugleich
doch wieder Königin!

Von
Werktag und Sonntag

Kindheit und Jugendzeiten scheiden Werktag
und Sonntag . .

dann gilts: das eigene Leben zu erkämpfen,
den eigenen Glauben zu erfüllen,

und der Sonntag fällt und die Welt wird
Werktag!

Aller Werktag aber ist nur Mittel, vergiß
das nicht, nur Weg:

hinauszufinden über seine Not und Mühe,

hinauszufinden über seine Unfrohheit!

vergiß das nicht und halt es fest! es macht
gelassener und heiterer

und gibt dir Ruhe . .

Alles Werktagelend ist nur Weg zum
Sonntag!

Und wenn es noch so lange dauern sollte und
wenn es Jahr um Jahr dich unter Waffen hielte

und im Kampf ...
      das muß als fernes Ziel feststehen
      über allem:
      daß der Sonntag endlich wieder siegt!

      Nicht blos für uns, für dich und mich und
unser stilles kleines Leben,
      für jeden einzelnen,
      für alle,
      für die ganze Zeit und alle Zeiten, die noch
kommen werden:
      es gilt herauszuringen endlich aus dieser
ewigen Werktagschwere:
      der Mensch ist für den Sonntag da!
      seine Werktagnot hat er sich selber aufgeladen!

Bundeslied

Weiſe:
„Hier ſind wir verſammelt . . ergo bibamus"

Wir haben durchwandert zuſammen manch Jahr
und manches Gehügel erklommen,
und wenn auch der Weg einmal ſteiniger war,
das hat uns den Mut nicht genommen . .
und ob es von oben und unten gedräut,
wir haben gelacht und uns drüber gefreut . .
und wie wir's gehalten, ſo ſei es auch heut,
ſo ſei's auch in Zukunft gehalten!

Wir haben geſungen manch feſtliches Lied
zuſammen in feſtlicher Stunde,
und wenn auch das Herz einmal traurig und müd,
nur heller drum klang's in die Runde!
Wo wär denn ein Weg nur mit Roſen beſtreut!
ein fröhliches Lied hat noch keinen gereut . .
und wie wir's gehalten, ſo ſei es auch heut,
ſo ſei's auch in Zukunft gehalten!

Ja was hülf' es denn viel, ein verdrießlich Geſicht,
als ob man zum Unglück geboren!
und wenn auch am Wagen ein Rad einmal bricht,
nur nicht den Humor gleich verloren!
Man flickt es, fährt los und wird endlich geſcheit!
Friſch auf drum und zielwärts mit hellem Geläut:
was geſtern nicht glückte, das glückt einem heut!
und ſo ſei's auch in Zukunft gehalten!

Cäsar Flaischlen

geboren 1864 in Stuttgart als Sohn eines Offiziers, besuchte die Gymnasien in Ellwangen und Stuttgart, widmete sich zunächst dem Buchhandel, ebenda und in Brüssel und Bern, studierte dann in Berlin, Heidelberg, Leipzig, Freiburg, Zürich, promovierte und siedelte 1890 nach Berlin über, wo er 1896 bis 1900 die Kunstzeitschrift „Pan" redigierte. Seine ersten Gedichte erschienen im Jahre 1884, in dem gleichzeitig von überall her die ersten Weckrufe einer neuen Kunst erklangen. Am 16. Oktober 1920 ist der Dichter nach kurzer Krankheit verschieden.

Aus Besprechungen

Im „Pan" stand es mit den festen, markigen Schriftzügen von Flaischlens Hand, was ich als Motto vor sein künstlerisches Schaffen setzen möchte:

> Dich .. dein Leben .. zu Kunst klären .. mit allem, was Tag und Alltag ein Recht hat, von dir zu fordern .. und:
> deine Kunst leben können, nicht bloß dichten .. da liegt's!
> Kunst muß gelebt werden können .. sonst ist's Handwerk oder Schwindel!

Ein kühnes Wort, ein hohes mühsames Ziel! „Dein Leben zu Kunst klären", eine volle harmonische Entfaltung deiner Kräfte anstreben, nicht in erdentrückter Höhenluft, nein, mit allem, was das tägliche Leben dir abfordert.

Dich, dein Leben zum Kunstwerk formen, ist das erste, deine Kunst leben können, das zweite. Nicht bloß Feiertagskost soll sie dir sein, dein täglich Brot soll sie dir werden, dich stark machen soll sie alle Tage mit ihrem Reichtum an Sonne und Freude, an Ernst und Frieden. Deshalb verzichtet Flaischlen auf jede feiertägliche Draperierung und wählt die Sprache des Alltags. Nicht um die Kunst alltäglich zu machen, sondern um den Alltag durch Kunst zum Festtag zu weihen.

Hier tönt es wie sonniger Kindheitstraum, dort wie ein helles Jugenderwachen mit all seiner unbestimmten

Sehnsucht, dann kommt der Kampf mit sich, mit der Welt, Niederlage und Sieg. Alles erlebt, nichts erdacht, echt von Anfang bis zu Ende.

Wie er seine Sätze, seine Gedanken plötzlich unterbricht, wie er mit einem hastigen neuen Einfall packt, dann wieder das alte Thema aufnimmt, um es in wechselnder Tonhöhe zu wiederholen, das erinnert an die fugierten Rhythmen Bachscher Präludien ...

Werke von Cäsar Flaischlen

Toni Stürmer

Alltagsgeschichte in fünf Szenen (Schauspiel). Vergriffen.

,Toni Stürmer' ist das früheste der drei Werke (Toni Stürmer, Martin Lehnhardt, Jost Seyfried), die Flaischlen im Sinne einer großen gedanklichen Trilogie: „Die Not unserer Jugend", geschaffen hat.
Ihren gemeinsamen Kern bildet der Zwiespalt zwischen der Welt unserer Jugendträume und der Welt der Wirklichkeit und der schließliche Niederbruch unserer Jugend mit ihren allzu idealisierenden Anschauungen im Ringen mit den entgegengesetzten der Wirklichkeit. ,Toni Stürmer' behandelt diesen Kampf nach der Seite der Liebe, ,Martin Lehnhardt' nach der unseres Glaubens ,Jost Seyfried' nach der des Künstlertums.

Im Schloß der Zeit

Sylvesterparaphrase in 7 Bildern. Neue Ausgabe mit Titelbild von Fidus und einer Skizze des Palastrings. 6. Auflage. Gebunden M 1.25. Büttenausgabe in Halbleder M 3.50

Nach einem Besuch in der Wohnung des Königs Winter, den wir in altgermanischer Halle mit Knecht Ruprecht und dem Sylvestermann beim Skat treffen, übersehen wir von hoher Warte die Schlösser des Palastringes der verschiedenen Herrscher: Schicksal, Not, Streit, Zwietracht, Zweifel, Sorge — Glück, Friede, Eintracht, Glaube, Liebe, Hoffnung. Einsam weilt, fern von allen das Ideal, das die Menschen verworfen und vom Throne gestürzt haben.
Dann gelangen wir in das Kronschloß der Königin Zeit selbst und wohnen dem Empfang der huldigungspflichtigen Majestäten bei. Sie zeigt in ihrer Ansprache, wie aus dem Kampfe mit Not, Zweifel und Zwietracht schließlich nur Segen erwächst: „Mensch sein heißt Sieger sein! und Sieger heißt zum Thron berufen sein!"
Hamburger Correspondent

Martin Lehnhardt

Ein Kampf um Gott. Fünf Szenen. 9. Auflage. Leinen M 3.60

In der Kunst kommt es nicht auf das Was, sondern auf das
Wie an. Und in diesem Wie liegt eine solche Wucht und Ge-
staltungskraft, daß uns ‚Martin Lehnhardt‘ im Lichte eines völlig
neu entdeckten Problems erscheinen muß ... Ein Volksstück im
edelsten Sinne des Wortes! Denn Kampf, mit dieser lapidaren
Wucht und Deutlichkeit dargestellt, muß immer die Gemüter
packen und begeistern.   Hamburger Nachrichten

Professor Hardtmut

Charakterstudie. (Novelle.) Im gleichen Bande zusammen mit

Flügelmüde

Aus dem Leben eines Jeden. Vorstudie von Jost Seyfried.
18. Auflage. Gebunden M 4.—, Leinen M 4.50

In ‚Professor Hardtmut‘ gibt Flaischlen die Geschichte eines
Menschen, der alles wollte, was Jugend will. Kein Flug schien
ihm zu hoch, kein Ziel zu stolz. Aber der Alltag trat ihm entgegen.
Mit tausend nichtigen Nebensächlichkeiten, mit tausend elenden
Forderungen des Augenblicks und Pflichten und Pflichtchen.
                                        Neckarzeitung

‚Flügelmüde‘ schildert die Kämpfe eines jungen Schriftstellers,
der seine Kunst zu hoch hält, um sie dem Geschmack der Menge zu
opfern, und schließlich als Korrespondent in eine Streichholzfabrik
tritt: „Nur wer Geld hat, darf sich den Luxus gestatten, seine
Ideale leben zu wollen; wer das nicht hat, hat kein Recht dazu!
Es sei denn, daß er es sich erst verdiene!“   Leipziger Tageblatt

Von Alltag und Sonne

Gedichte in Prosa: Rondos, Lieder, Mönchguter Skizzenbuch,
Lotte, Morgenwanderung. 273. Tausend. Leinen M 4.50

Eine schöne Stille, eine große Ruhe webt über diesen Schöp-
fungen, ein Emporgehobensein über den lauten Lärm eifersüch-
tiger Kräfte. Man kann selten so Schönes, Sinniges, so Melan-
cholisch-Versöhntes lesen.   Vossische Zeitung

Aus den Lehr- und Wanderjahren des Lebens

Gedichte, Brief- und Tagebuchblätter in Versen
82. Tausend. Leinen M 4.50

In all diesen Gedichten liegt eine so kristallene Klarheit, Unge-
suchtheit und Natürlichkeit, durch alle geht eine solche Lebens-
wärme und Seeleninnigkeit, daß man meint, alles selbst gelebt,
alles aus sich selbst heraus gedacht zu haben.   Dresdener Anzeiger

Jost Seyfried

Ein Roman in Brief- und Tagebuchblättern. Aus dem Leben
eines Jeden.
Zwei Bände. 122. Tausend. Gebunden M 9.—, Leinen M 9.60

Man darf ohne alle Übertreibung sagen, der Roman Flaischlens
gehört zu den hervorragendsten Literaturwerken der gegenwär-
tigen Zeit überhaupt. In fünf Büchern, gleich den sich steigernden
Akten eines Bühnenwerkes baut er sich auf und zeigt uns seinen
Helden vom zerarbeiteten und flügellahmen Skeptiker bis zum
Sieger über eine Welt von Unruhe und Zerfahrenheit.
Rudolf Schäfer: Stuttgarter Neues Tagblatt

Neujahrsbuch

Spruchblätter (Altes und Neues). In Handschriftwiedergabe
und mit Bildnis.
74. Tausend. Kartoniert M 1.60, Leinen M 3.—

Ein wertvolles kleines Geschenkbuch und nicht nur für Erwachsene
und nicht nur zu Neujahr.   Basler Nachrichten

Hauptsache ist: mit Bewußtsein froh und lebensfreudig zu bleiben!
Wille allein macht stark! Wie eine Flut von Energie rinnt es aus
diesem kleinen Buch auf den Leser über.   Neue Freie Presse

Zwischenklänge

Gedichte: Stimmungen, Briefblätter, Festtage und Werktage,
Dies und Das, Singlieder. 48. Tausend. Leinen M 4.50

Flaischlen steht mit beiden Füßen auf der Erde, und sein ganzes
Wesen ist auf Mitwirken, Anfassen und freudiges Bejahen ge-
richtet. Wenn er aber auf die vielen Unstimmigkeiten des Tages
sieht, dann wird ihm bitter zumute, und er erhebt sich zu scharfer
Ironie oder er geißelt die Schwächen mit schmerzlichem Humor.
Kölnische Volkszeitung

Kopf=oben=auf!

Stimmen, Gestalten und Gedichte zum Krieg. 1915. 7. Auflage.
Vergriffen.

Noni=Loni

Rede für ein kleines Mädchen zum Fest ihres ersten Geburtstags.
23. Auflage. Kartoniert M —.40, Ganzleinen M —.90

Ein entzückendes kleines Werkchen, diese launige Lobrede eines
Dichters auf die Frau.

Mandolinchen, Leierkastenmann und Kuckuck

30. Tausend. Leinen M 4.50, Bütten in Halbleder M 10.75

Das letzte Buch Flaischlens, dieses wundervollen Menschen und warmblütigen Dichters. Von ihm selbst zusammengestellt und auch in Ausstattung und Schmuck genau nach seinen Bestimmungen hergestellt. Flaischlen hat in diesem Buch wirklich sein Letztes und Bestes gegeben, ein Evangelium der Freude und der Zuversicht: Freude am Leben, was es auch bringen mag, zuversichtlichen Glauben an den Aufstieg der Menschheit trotz allen Irrungen und Wirrungen.   Hamburger Correspondent

Von Derhoim ond Drauße

Dichtungen in schwäbischer Mundart. Mit einer Zeichnung des Dichters und einem Vorwort von Martin Lang.
3. und 4. Tausend. Gebunden M 2.25

Ich stehe nicht an, sie das Unmittelbarste und Beste zu nennen, was die schwäbische Mundartdichtung überhaupt hervorgebracht hat, zumal ihr Titelstück, in dem das Sonderpersönliche, Schwäbische und Allgemeinmenschliche zu einem Dreiklang verschmilzt, der wunderbar die oberen Humore erzittern und zugleich die Tiefen aufrühren und Kreise in alle Weiten ziehen läßt.
                    Literarischer Handweiser, Freiburg

Gesammelte Dichtungen

6 Bände. 10. Tausend. Leinen M 27.—. Inhalt: Von Alltag und Sonne / Aus den Lehr- und Wanderjahren / Jost Seyfried / Zwischenklänge / Mandolinchen, Leierkastenmann und Kuckuck

Diese Verse und diese Prosa sind voll Sonne, Luft und Freudigkeit. Sie offenbaren ein unverwüstlich heiteres Gemüt, und das steckt an. Darum lest sie und lest sie wieder, und rettet euch an ihnen aus dem Jammer der Gegenwart, der ihrem Schöpfer nichts anhaben konnte!   Dr. E. Mühling im Tag, Berlin

Über Cäsar Flaischlen, sein Leben u. seine Werke, erschien:

G. Stecher: Cäsar Flaischlen. Kunst und Leben.
(In der Sammlung Dichtung und Dichter). Gebunden M 3.60

Deutsche Verlags=Anstalt Stuttgart Berlin

www.ingramcontent.com/pod-product-compliance
Lightning Source LLC
Chambersburg PA
CBHW030809100426
42814CB00002B/54